4月 入園おめでとう！

チョウチョとお花畑

リボンを結んでつくった羽根が
かわいいチョウチョと、カラフルな布のお花畑。
チョウチョたちも新しいお友だちを歓迎しています！（→20ページ）

チョウチョをバッチにして、
みんなにプレゼントしてもいいですね。
裏側に安全ピンをつけるだけでOK！

春

カーテンあけたら…

どんな景色が現れるかな？
カーテンをあけることが楽しみになる壁面です。
人形劇の舞台としてもつかえますよ。（→22ページ）

春

夏 虫たちとなかよしになろうね

秋 葉っぱが紅葉したよ

春 満開の桜がおでむかえ

冬 真っ白に雪化粧

遠足のおべんとう

みんなの大好きなおべんとう。今日は何が入っているかな？ おかずはマジックテープで取りはずしできるので、みんなの好きなおかずをつくってあそべる壁面です。（→24ページ）

春

あかちゃんが生まれたよ！

見て！ 見て！ ワンちゃんにあかちゃんがたくさん生まれたよ。かわいいね。子犬の裏側にはせんたくバサミがついているので、取りはずしてあそべます。（→21ページ）

5〜6月 さわやかな季節のはじまり

お部屋の中にも春がやってきました

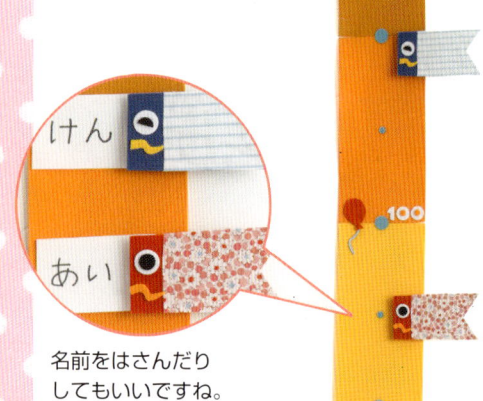

春

名前をはさんだり
してもいいですね。

カラフルこいのぼり

パッチワーク風にした楽しいこいのぼり。
金太郎とクマさんを乗せて、
大空を泳ぎます。（→27ページ）

おかあさん ありがとう

ピンキングバサミをつかえば、
かんたんにカーネーションが
つくれます。（→28ページ）

大きくなったね!!
こいのぼりの身長計

どれくらい背が伸びたかな？
ミニこいのぼりの裏に、せんたくバサミがついて
いるので身長の位置につけられます。（→26ページ）

おとうさん ありがとう

着なくなった
ワイシャツとネクタイを
かわいくリメイク。（→29ページ）

♪あ〜した天気にしておくれ

ハギレでつくるカラフルなてるてる坊主。
子どもたちがつくったてるてる坊主を
部屋中に吊せば雨の日も楽しい！（→30ページ）

雨の日のお友だち

カラーロープをくるくる丸めてつくった
カタツムリ、
指人形としてもつかえるカエル人形など、
雨の日も楽しくあそべますよ。（→31ページ）

虹がでたよ！

七色のカラーロープをつかって、
美しい虹の橋をかけましょう。
（→32ページ）

夏

7~8月 暑い夏を涼しく演出!

キラキラ七夕さま

光沢のある素材をつかって、
ちょっぴりゴージャスに!!（→33ページ）

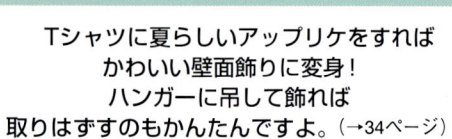

スイカをパクリ!

Tシャツに夏らしいアップリケをすれば
かわいい壁面飾りに変身!
ハンガーに吊して飾れば
取りはずすのもかんたんですよ。（→34ページ）

太陽→ひまわり

太陽のアップリケは
ヒマワリにもアレンジできます。

夏

海は広いな大きいな

フェルトの魚をとったりつけたり、
ボタンがポイントのあそべる壁面です。
（→35ページ）

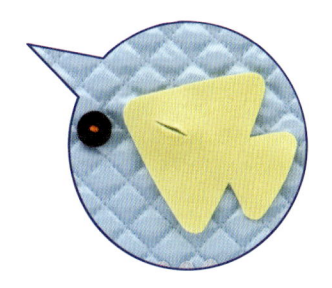

おばけはパペットに！

おばけだぞ〜

木の枝にさして飾るとステキ！
おばけはパペットとしてもあそべます。
ハロウィンにもつかえそう！（→36ページ）

夏

9〜10月
もいだくさんな秋がきた！

秋

ウサギとタヌキのお月見

大きな月にはウサギさんがすんでいます。
カラー軍手をつかえば、ウサギチームとタヌキチームが
あっという間にできあがり。毛糸のススキもつけて、
にぎやかなお月見の夜のはじまりです。（→38ページ）

ススキと赤トンボ

木製のせんたくバサミを赤くぬって、
羽をつければできる赤トンボ。
割りばしとスズランテープの
ススキにとめてあそべます。（→37ページ）

みんながんばれ 玉入れ競争

だれがいっぱい入れられるかな？
せんたくネットでかごをつくれば、ホンモノそっくり！
運動会気分がもりあがりそう。（→40ページ）

秋

おいものポケット

厚めのストッキングやタイツでつくった
おいもちゃん。おいもが
たくさんついているのは
どのつるかな？（→41ページ）

つるを
引っ張ると……

12月 あったかくお部屋を飾ろう！

リボンのツリー

いろいろな柄のリボンをツリー状に壁に貼るだけで、気分はすっかりクリスマス。てんじょうから貼れば、部屋いっぱいの大きなツリーに！（→43ページ）

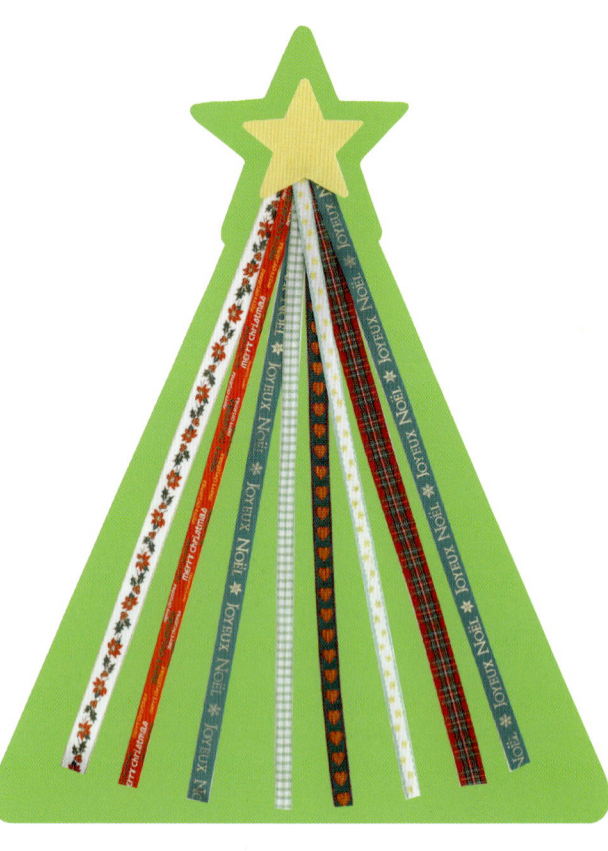

フェルトのツリー

2色のフェルトを三角形に切って、交互に貼るだけでOKのかんたんシンプル壁面です。（→42ページ）

ステンシルオーナメント

ステンシルしてから、切って縫うだけ。かんたんであったかいオーナメントです。（→44ページ）

冬

もこもこサンタ

帽子もおひげももこもこ素材。
手触りを楽しむワンポイント壁面です。
（→45ページ）

サンタさんとトナカイ
（指人形）

フェルトでつくるかんたんな指人形。
ポケットを壁につくってあげれば、
中にしまったり出したりしてあそべます。
（→46ページ）

冬

ふわふわ雪だるま

紙皿にキルト綿を貼ってふわふわに。
（→47ページ）

サテンと光るビーズで
ゴージャスリース

ギンガムチェックで
カントリー風リース

紙皿リース

紙皿と布で2種類のリースの完成。
どちらがお好み？（→48ページ）

1月 新しい年はぽかぽか気分

雪がふる街

フェルトのお家にキルト綿の雪をちょこんと
のせて。積もった雪はもこもこファーで。
雪の景色もなんだか暖かいですね。（→49ページ）

冬

あったかこたつ

和柄のキルティングをつかって、
あったか度100％。布団を
めくるとにゃんこが寝ています。（→50ページ）

くるくる
丸めて

ねじって、
ねじって

やわらかお正月飾り

タオルをつかってつくるかわいい
お正月飾りです。机や玄関にぴったり。（→51ページ）

寒くったって、オニはそと！福はうち！
2月

並べて楽しい顔オニさん

カラフルなフェルトで四角いまま顔をつくります。
みんなでつくってたくさんタイル風に並べると楽しいですよ！（→52ページ）

パタパタオニさん

ひもを引っ張るとオニの手が動きます。（→53ページ）

オニをやっつけろ！

オニの体とボールにマジックテープをつけました。
ポーンとボールを投げてオニ退治！（→54ページ）

冬

3月 春がきたよー！

たんぽぽと春の妖精

毛糸を束ねたたんぽぽと、ポンポンのふわふわ綿毛。
妖精さんたちが春を知らせにやって来ましたよ。（→55ページ）

コサージュトリオ

フェルト、毛糸、リボンにボタンやフリルを
プラスして、かわいいコサージュをつくりましょう。（→56ページ）

おひなさま タペストリー

おひなさまをランチョンマットに貼るだけの
簡単タペストリー。
おひなさまの着物を和風の布でつくれば、
雰囲気満点ですね。（→58ページ）

くつしたびな

くつしたでつくるおひなさま。フェルトの
着物を着てちょっぴりおすまし。
コロンと転がらずに飾れます。（→59ページ）

春

かんたん三段飾り

太めのリボンで段を表現。フェルトでつくる
おひなさまをリボンの段に並べたら
あっという間に三段飾りのできあがり。（→60ページ）

フェルトでつくるかんたんマーク

かわいいマークは子どもの目をひくのでコーナーづくりに大活躍。
お当番バッチやカードなどにワンポイントつけてあげるとかわいいですね。

つみき
おもちゃコーナー

くるま
おもちゃコーナー

ウサギさん
えほんコーナー

おつきさまとほし
おひるね

じょうろ
お当番

おやすみあかちゃん
おひるね

ゾウさん
プール
お当番

クマさん
お知らせ
お当番

布でつくる かわいい壁面飾り

超かんたん

いしかわ★まりこ
【編著】

いかだ社

はじめに

　布でつくる壁面や飾りを考えてみました。
　やわらかくて形も自由にできるし、紙にはない模様や柄、手触りもいろいろあって、色もきれい。
　私は大好きです！
　でも壁面にするには、紙より扱いが面倒かも……と思っていませんか？
　この本の作品は、布をボンドで貼るだけ、台紙をくるむだけ、など縫わなくていいものが中心です。
　キャラクターは、フェルトをメインにつかっていて、切りっぱなしでOK。どれもすごーくかんたん！
　しかも紙よりもラクに立体感が出せたり、破れたりしない丈夫な壁面ができちゃいます。
　布のもつ優しい雰囲気を大切にしながら、お話が生まれるような壁面にしたいなと思ってつくりました。布ならではのあそびの要素も盛りだくさんです。
　子どもたちが安心して楽しく過ごせるお部屋作りのお役にたてれば嬉しいです。

いしかわ☆まりこ

目次

はじめに　18

4月
チョウチョとお花畑　20
あかちゃんが生まれたよ！　21
カーテンあけたら…　22
遠足のおべんとう　24

5月
大きくなったね！
こいのぼりの身長計　26
カラフルこいのぼり　27
おかあさんありがとう　28

6月
おとうさんありがとう　29
♪あ～した天気にしておくれ　30
雨の日のお友だち　31
虹がでたよ！　32

7～8月
キラキラ七夕さま　33
スイカをパクリ！　34
海は広いな大きいな　35
おばけだぞ～　36

9～11月
ススキと赤トンボ　37
ウサギとタヌキのお月見　38
みんながんばれ　玉入れ競争　40
おいものポケット　41

12月
フェルトのツリー　42
リボンのツリー　43
ステンシルオーナメント　44
もこもこサンタ　45
サンタさんとトナカイ　46
ふわふわ雪だるま　47
紙皿リース　48
雪がふる街　49

1月
あったかこたつ　50
やわらかお正月飾り　51

2月
並べて楽しい　顔オニさん　52
パタパタオニ　53
オニをやっつけろ　54

3月
たんぽぽと春の妖精　55
コサージュトリオ　56
おひなさまタペストリー　58
くつしたびな　59
かんたん三段飾り　60
フェルトマーク　61

この本に出てくる便利素材　62
布の貼り方・くるみ方　63
作品づくりで使用した布のいろいろ　64
型紙のとり方　65
型紙

☆キャラクターは型紙がついています。

【作品づくりの前に用意しておくと便利な道具】
●筆記用具…鉛筆・消しゴム・油性マーカー・色鉛筆・絵の具・クレヨン
●接着道具…セロハンテープ・ガムテープ・両面テープ・ビニールテープ・木工用ボンド
●切るときに使う道具…ハサミ・カッター
●その他……ホチキス・穴あけパンチ・千枚通し(またはくじり)・定規
☆各ページの"用意するもの"には、その作品をつくるために必要なものを表示してあります。

チョウチョとお花畑

4月

リボンをかえて、いろんなチョウチョをつくりましょう。

型紙➡66ページ

用意するもの

リボン…各色
フェルト…クリーム・黄色・白・ピンク・オレンジ・赤
モール…オレンジ
フェルト丸シール…青・赤
☆ないときは、63ページのつくり方参照。
緑色の布　厚紙
安全ピン…バッチにする場合

チョウチョ

1. リボンをチョウ結びにする。

2. フェルトで体を切って、装飾する。 
   - モール
   - 丸シール
   - 丸シールを半分に切った口
   - フェルトを細く切ったもの

   ※丸シールがなければ、フェルトを丸く切ったり、ビーズを貼ったりする。

3. 体の上にリボンをつける。

4. フェルトを雲の形に切る。

バッチにする場合

安全ピンにリボンをつけて、チョウチョの裏側に貼りつける。
- 安全ピン
- リボン

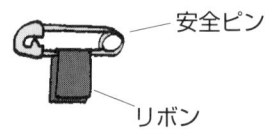

お花畑

無地の布だけでなく、ギンガムチェックの布などをつかうとかわいい！

1. 厚紙に両面テープ、ボンドなどで布を貼る。
   - 布
   - 厚紙

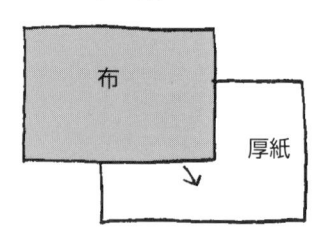

2. 好きな形に切る。
   - フェルトを花の形に切って貼る

あかちゃんが生まれたよ！

4月

あかちゃんにメモをはさむと、お知らせボードにもなります。

型紙➡66ページ

用意するもの
フリース…白
フェルト…茶・うす茶・こい茶・黒・白
厚紙　木製のせんたくバサミ（小）

親犬

1. 厚紙の裏側に親犬の型紙をかいておく。

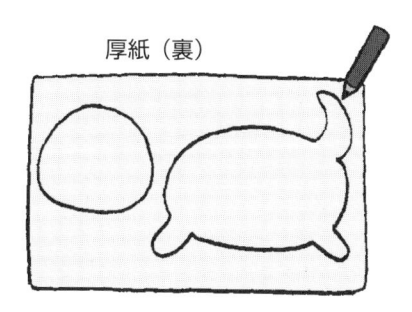

   厚紙（裏）

2. 厚紙にフリースを貼る。

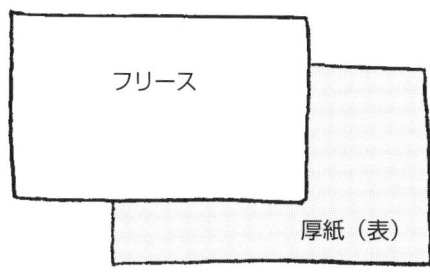

   フリース　厚紙（表）

3. 2を切りとって、顔や模様をつける。

4. 顔と体を貼りあわせる。

あかちゃん

1. フェルトで体や耳、しっぽ、模様などパーツを切り、貼りあわせる。

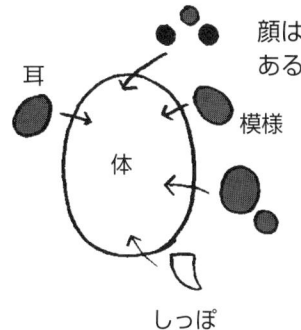

   顔は丸シールがあると便利

   耳　模様　体　しっぽ

2. 体の裏側に木製のせんたくバサミをボンドで貼る。

親犬にあかちゃんをつけたりはずしたりしてあそべます

春

カーテンあけたら…

4月 カーテンをあけたりしめたり楽しいね。
四季を木で表現!

春

用意するもの

糸・針…ミシンだと早い
カーテン　カーテン用布地
　　　　　丸棒（直径1cm）…1本
　　　　　ロープ　リボン　フリル
基本の木　板段ボール
　　　　　フェルト…茶　キルト綿
キャラクター
　ウサギ　フェルト…白・ピンク・赤
　リス　　フェルト…オレンジ・黒・茶・赤・白
　　　　　毛糸…茶
春の木　　ピンクのちりめん布
　　　　　フェルト…うすピンク
夏の木　　緑のギンガムチェック布
　　　　　フェルト…茶・黒・うす茶・水色・白
　　　　　モール…黒・茶・オレンジ
秋の木　　柄布
　　　　　フェルト…茶・オレンジ・緑
冬の木　　タオル…白
キャラクターの帽子用各色…小量　ボン天

カーテン

1 布を切り、縁を1cmずつ縫う。
（大きさは壁面により調整）

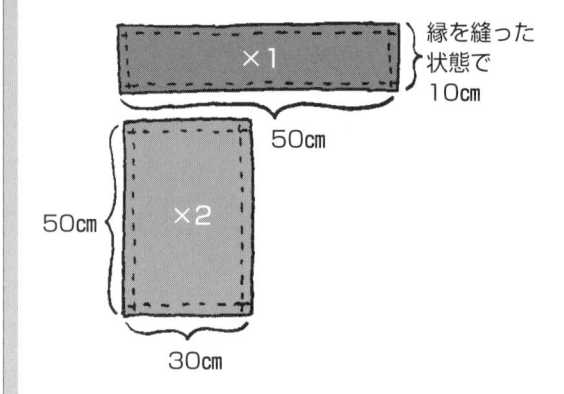

×1　縁を縫った状態で10cm
50cm
50cm　×2
30cm

2 2枚ある布の上辺を5cmの輪にして、棒を通す。細長いほうの布には、フリルをつける。

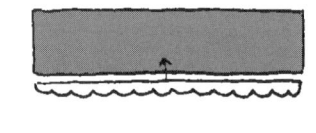

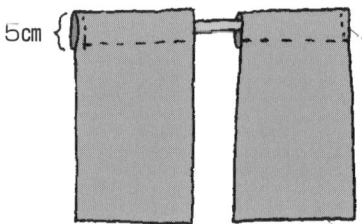

フリルをつける
端と端を接着
5cm
端は縫いとめる

あけたらリボンでとめてね

木

1 木の形に板段ボールを切って、キルト綿を貼り、段ボールに合わせて切りとる。

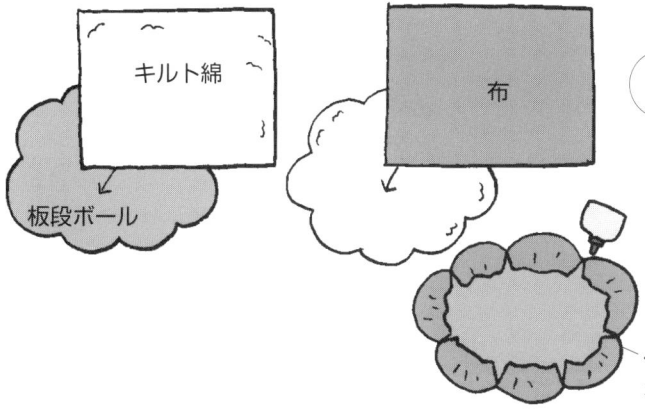

キルト綿
板段ボール
布

へこみのところに切りこみを入れると、貼りやすい。

2 1に布を貼る。くるむようにして裏でボンドで貼りつける。

3 フェルトでキャラクターなどをつくって貼る。丸シールがあると便利。

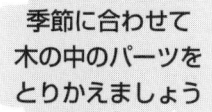

木の幹
モール

型紙➡65、66ページ

季節に合わせて木の中のパーツをとりかえましょう

春（桜）　夏（昆虫）　秋（葉っぱ）　冬（雪）

幹は共通

春

遠足のおべんとう

4月

おかずをいっぱいつくって
あそんでね。

型紙➡66ページ

用意するもの

おしぼりタオル…白
フェルト…赤・朱色・黄緑・黄色・
　山吹色・茶・白・黒・ピンク
板段ボール　綿　ロープ　モール
マジックテープ

ごはん

おしぼりタオルをたたんで縫いとめる。
フェルト（赤）を丸く切った梅干しを貼る。

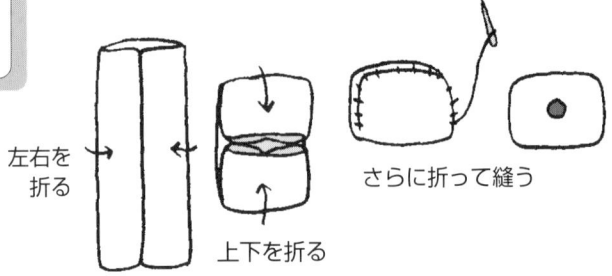

左右を折る　上下を折る　さらに折って縫う

たまごやき

細長く切った黄色と山吹色のフェルトを
重ねてくるくる丸める。最後にあまった
ほうのフェルトを切って、ボンドでとめ、
裏にマジックテープを縫いつける。

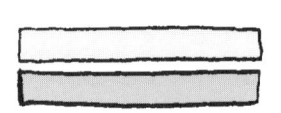

マジックテープ

たこウィンナー

たこの形に切ったフェルトを2枚あわせ
て綿を入れ、縁を縫ってから顔を貼る。
裏にマジックテープを縫いつける。
目や口は丸シールがあると便利。

裏

マジックテープ

春

ハンバーグ

フェルトを2枚あわせて綿を入れ、縁を縫ってから目玉焼きを貼る。
裏にマジックテープを縫いつける。

おべんとう箱

1. 板段ボールを箱の形に切って、赤いフェルトを貼る。

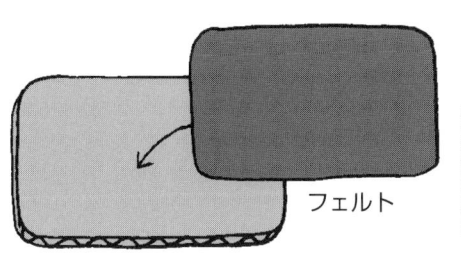

2. 縁にロープを貼る。

フェルト
板段ボール

3. ごはん、フェルトでつくった野菜を貼りつける。マジックテープに2箇所穴をあけてモールを通し、裏でねじってしっかりとめる。

モール

ボタンをとめるように
マジックテープを
モールでとめてね

春

大きくなったね！ こいのぼりの身長計

5月

キリンさんにアレンジしてもステキ！

型紙➡67、68ページ

用意するもの

フェルト…ピンク・赤・白・クリーム・黄土色
　濃い目のクリーム・山吹色・オレンジ・黄色
アップリケ部分
　フェルト丸シール…水色・白・オレンジ
　フェルト…赤・水色・ピンク・濃いピンク・青
☆ないときは、63ページのつくり方参照。
こいのぼり
　フェルト…青・赤・白・黒・オレンジ・黄色
青系の布　赤系の布
木製のせんたくバサミ

1 家や雲、ふうせん、鳥などを切る。

2 フェルトを半分に切り、20cm×10cmにしたものを7枚つくり、裏でガムテープなどでつなげる。

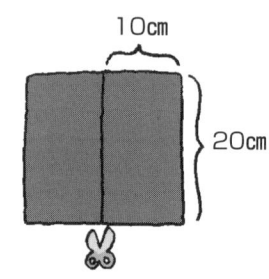

10cm / 20cm

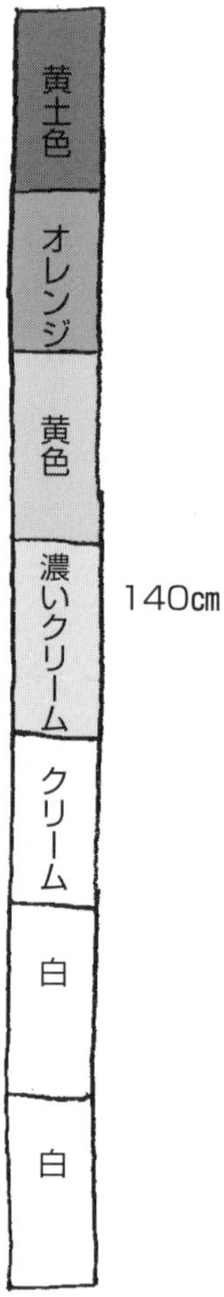

こいのぼり

フェルトを切り、目や布を貼る

はみでた布を切る

裏に木製のせんたくバサミを貼る

3 それぞれを**2**に貼りあわせる。

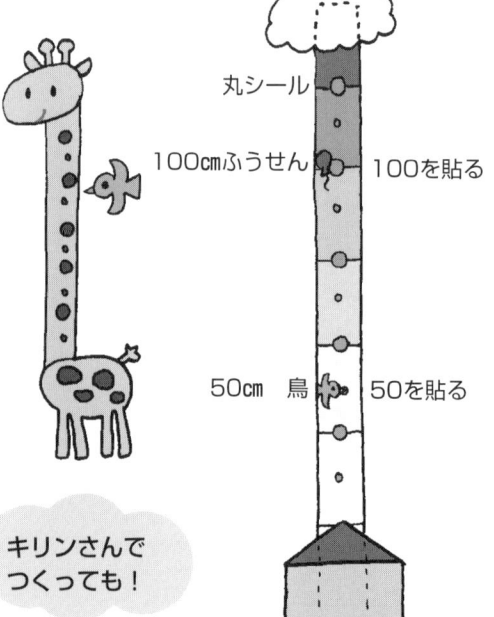

丸シール
100cmふうせん
100を貼る
50cm　鳥　50を貼る

キリンさんでつくっても！

黄土色 / オレンジ / 黄色 / 濃いクリーム / クリーム / 白 / 白　140cm

春

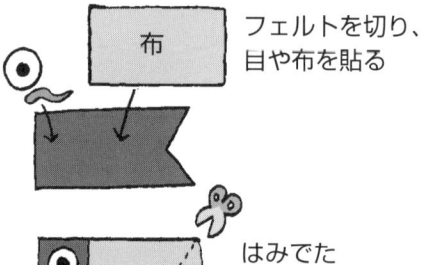

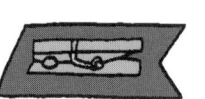

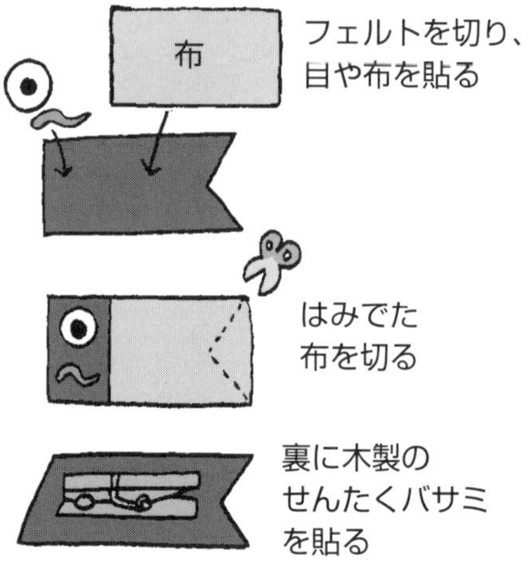

カラフルこいのぼり

5月

いろんな色や模様のこいのぼりを
たくさんつくってならべたら楽しそう!

型紙➡67ページ

用意するもの

こいのぼり
　フェルト…赤・ピンク・オレンジ・
　　　　　　紫・白・黒
　ピンク系やオレンジ系の布
キャラクター
　フェルト…肌色・黄土色・黒・ピンク・
　　　　　　赤・オレンジ・クリーム

こいのぼり

1. 赤フェルト1枚を半分に切って、頭と尾をつくる。

2. フェルトに布を貼ってからうろこを切る。フェルトのみのものもつくっておく。

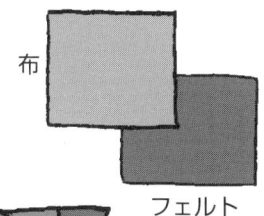

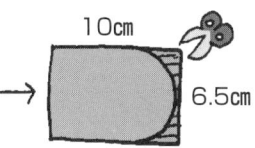

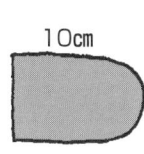

　布／フェルト　→　10cm／6.5cm　　10cm フェルトのみ

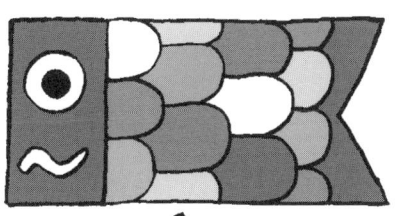

3. 3枚ずつ色がかたよらないように交互に貼りあわせていく。うろこを半分に切って調整する。

キャラクター

フェルトでキャラクターをつくる。

細長く切ったフェルトで「金」の字をつくる。

★顔のパーツは、丸シールがあると便利。

こいのぼりに乗せて飾りましょう!

春

おかあさんありがとう
母の日

5月

カーネーションには
やわらかい布がおすすめ。

型紙➡67ページ

用意するもの

ギンガムチェックの布…ピンク系・赤系
フェルト…ピンク・赤
モール…緑
リボン　板段ボール　ピンク系の布

カーネーション

1. 布をピンキングバサミで丸く切る。

2. 1の布をまん中でつまむようにしてギャザーをよせ、モールでぐるぐる巻きにしてとめる。

2枚重ねにすると、ボリュームのあるカーネーションになります。

台紙

ハート型に切った板段ボールをくるむように布を貼る。

カーネーションを3本くらいリボンで束ねて台紙に貼る。

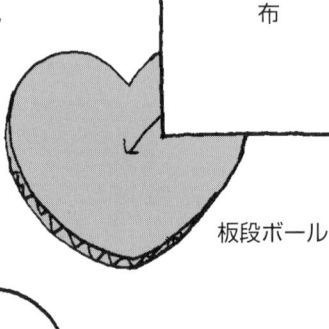

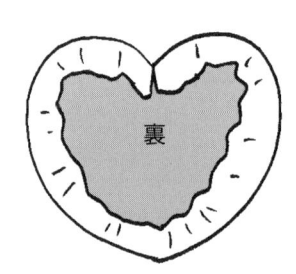

フェルトのハート

細く切ったフェルトで文字をつくって貼りましょう

春

おとうさんありがとう
父の日
6月

おとうさんの似顔絵を
フェルトでつくりましょう。

用意するもの

着なくなったワイシャツ
ネクタイ
フェルト…肌色・黒・オレンジ・茶・
　　　　赤・ピンク・緑・黄色・水色
毛糸…黒　　厚紙

1. 厚紙をはさんでワイシャツをたたみ、形を整える。

2. 短めにネクタイを結ぶ。

3. ワイシャツにネクタイをつけ、あまった部分はうしろにかくす。

4. パパの顔、ハート、車など、好きなものをフェルトでつくり、ワイシャツやネクタイに貼る。

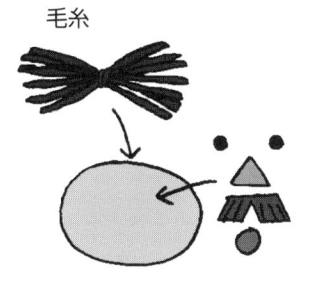

毛糸

タグをかくすように
貼るのがポイント

細く切ったフェルトで
文字をつくって
貼りましょう

パパ、はい！

夏

♪あ～した天気にしておくれ

6月

てるてる坊主は
つくった人の顔ににている？

用意するもの
いろいろなハギレ　綿
フェルト…黒・赤
タコ糸　ロープ　せんたくバサミ

1. ハギレを四角く切り、まん中に綿をおく。

2. てるてる坊主をつくり、タコ糸で結ぶ。

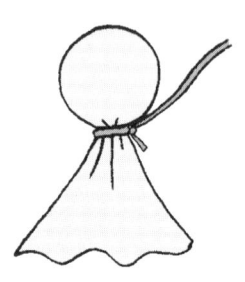

3. フェルトの目や口を貼る。
サインペンなどでかいてもOK。

夏

子どもたち全員でつくった
てるてる坊主を部屋中に
吊しても楽しいよ

雨の日のお友だち

6月

かんたんにできるカエルの指人形。
指にはめて「カエルの歌」を合唱してね。

型紙➡67、68ページ

用意するもの

- アジサイ　布…ピンク・水色・紫系
　　　　　　フェルト…ピンク・水色・紫・白・黄色
　　　　　　厚紙　キルト綿
- カタツムリ　フェルト…クリーム・青・ピンク
　　　　　　　ロープ…青・水色・赤・オレンジ
　　　　　　　モール
- カエル　フェルト…黄緑　動眼　針　糸…各色
- 葉っぱ　フェルト…緑系

アジサイ

1. キルト綿を厚紙に貼ってから楕円形に切りとる。 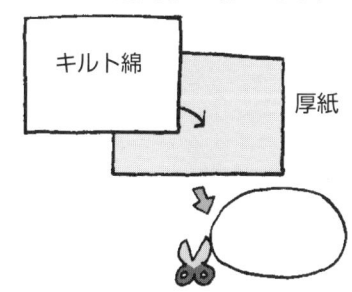
2. 1に布をくるむように貼る。 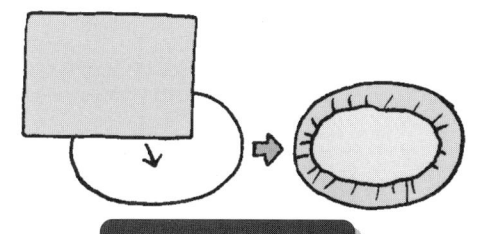
3. フェルトで花をつくって貼る。

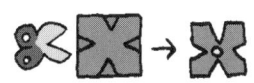

★花をかんたんにつくるコツ

カタツムリ

1. フェルトをカタツムリの形に切って、モールのつの・目・口をつける。 
2. 2色のロープをぐるぐると丸めながら、ボンドで貼る。

カエル

1. フェルトをカエルの形に2枚切り1枚に目・鼻を縫いつけ、動眼の目を貼る。 
2. 2枚あわせて指が入るところを縫う。
（縫い位置は型紙68ページ参照）

頭の部分はボンドで貼りあわせる

夏

虹がでたよ！

6月 半円の大きな虹をつくってもかっこいいね。

型紙➡68ページ

用意するもの

水色の布　板段ボール
フェルト…うす水色・黄緑・白・黒・
　　　　　オレンジ・青・ピンク
ロープ…赤・オレンジ・黄色・緑・
　　　　水色・青・紫

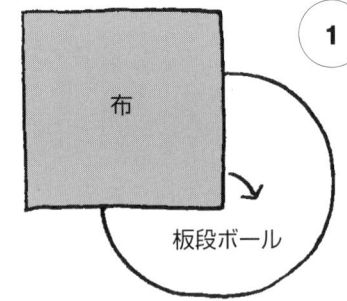

1 丸く切った板段ボールに水色の布をくるむように貼る。

布　→　板段ボール

2 2本ずつロープを貼っていく。長めに貼り、はみ出たところを切る。

3 フェルトでキャラクターや雲を切って貼る。

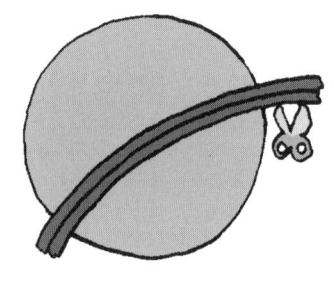

モール

必要に応じて、掛けられるようにモールなどをつけてもいいですね

夏

キラキラ七夕さま

7月

サテンやスパンコールがキラキラ！
長いリボンをつけておめかししましょう。

型紙➡69ページ

用意するもの

サテン布…黄色
布…ピンク系・水色系
板段ボール
フェルト…肌色・黒・赤・
　　　　　ピンク・水色
星スパンコール
サテンのリボン…各色50㎝
キラキラモール…青・金

1 星形に切った板段ボールに黄色の
サテン布をくるむように貼る。

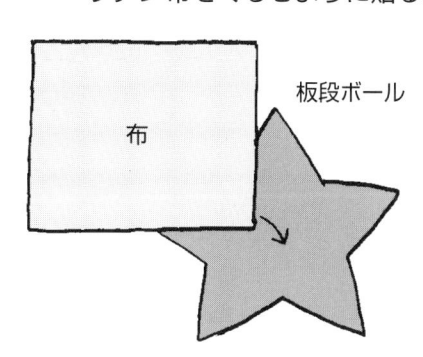

あまったところは
切りながら貼る

布　　板段ボール

切りこみ

2 キラキラモールをつける。

3 フェルトに布を貼ってから体を切り、
フェルトでつくった顔をつける。

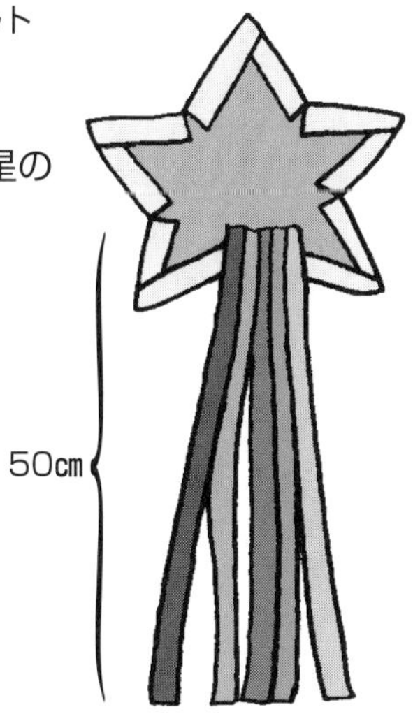

布　　フェルト

4 1に3のキャラクターや
星スパンコールを貼る。

スパンコール

5 サテンのリボンを星の
裏に貼りつける。

50㎝

夏

スイカをパクリ！

7〜8月 パパやママのTシャツなら大きなスイカになりますよ！

型紙➡69ページ

用意するもの

Tシャツ…子ども用
フェルト…赤・緑・黒・ピンク・濃いピンク・黄色・オレンジ・クリーム・水色

1 フェルトでそれぞれのキャラクターをつくる。

2 1のキャラクターをTシャツに貼る。

★洗えるフェルトで
　アップリケをつくり、
　Tシャツに縫いつければ
　せんたく可能です。

夏

海は広いな大きいな

7〜8月

カラフルなお魚をたくさんつくっておくとさらに楽しめます。

型紙➡69、70ページ

用意するもの

板段ボール
サテンのキルティング地…水色
フェルト…白・青・黒・赤・
　オレンジ・黄色・ピンク
ボタン…直径2cmくらいのもの
モール　波状テープ

1 板段ボールにキルティングをくるむように貼る。

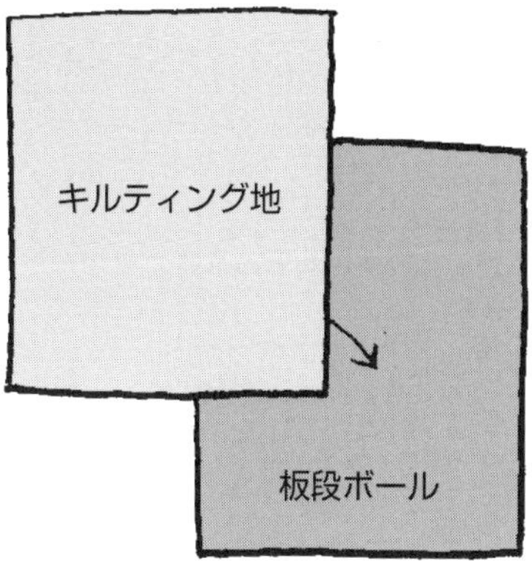

キルティング地
板段ボール

2 波状テープを3段に貼る。

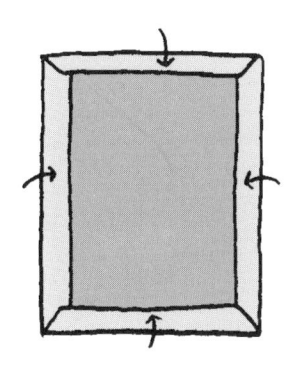

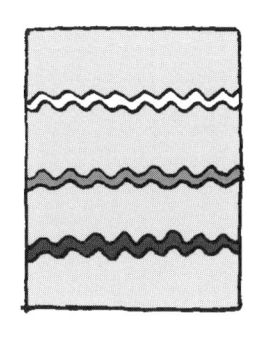

3 フェルトでキャラクターをつくる。クジラ、雲は**2**に貼りつける。魚やたこは切りこみを入れて、ボタンにかける。

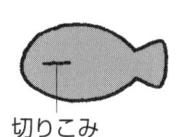

切りこみ

4 ボタンをつける。絵のように穴をあけ、モールでボタンをとめるようにつけ、裏でモールをねじって、上からセロハンテープを貼っておく。

千枚通し
（くじり）で
穴をあける

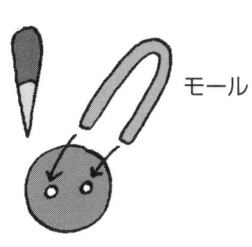

モール

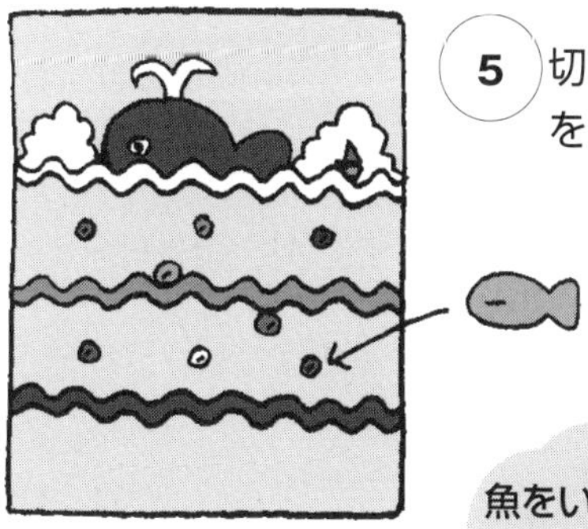

5 切りこみを入れた魚をボタンにつける。

魚をいろいろなところに
つけかえてあそべます

夏

おばけだぞ～

7～8月

夏といえばおばけ!!
手にはめて「おばけだぞ～!」

型紙➡71ページ

用意するもの

おばけ　白い布　ボタン
　　　　フェルト…ピンク
　　　　刺しゅう糸…各種
　　　　針　糸
家　フェルト…グレー・紫・えんじ・
　　黄緑・茶・オリーブ色
　　枝　リボン

おばけ (2種類)

1 布と2枚ずつ切り、それぞれ1枚の布に口を刺しゅうし、ボタンの目をつける。

2 2枚あわせてざくざく縫う。

家

各パーツを切って、つぎはぎ風に黒糸でざくざく縫う。

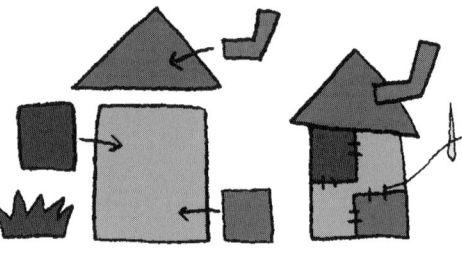

枝
リボン

壁にリボンでとめる

背景を夜のイメージで青や紫、グレーにすると、ちょっぴりこわいおばけの壁面に大変身!

手にはめてパペットに!

ススキと赤トンボ

9～11月

トンボはせんたくバサミでできているので
つなげてあそべます。

型紙➡72ページ

用意するもの

トンボ
　フェルト…水色・白・黒
　木製のせんたくバサミ
　水性顔料（マーカーか絵の具）

ススキ
　スズランテープ　割りばし

山　板段ボール　茶系の布

トンボ

1. マーカーや絵の具で木製のせんたくバサミを赤くぬる。 
2. 1にフェルトの羽根、目をボンドでつける。

ススキ

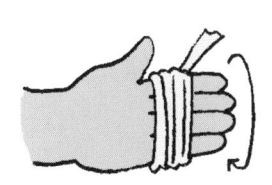

1. スズランテープを手に4～5回巻く。
2. 割りばしにセロハンテープでつける。
3. まん中をしばり、細かくさく。

山

1. 山の形に切った板段ボールに布を貼る。波々が上にくるようにする。

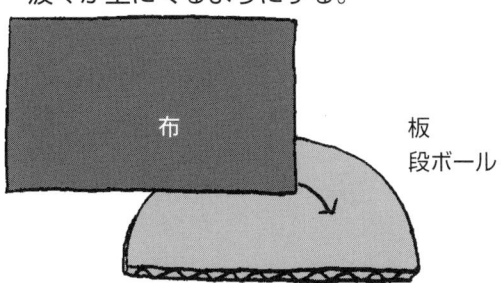

   布　　板段ボール

2. あまった布を切る。

   ススキを波々にさす

秋

37

ウサギとタヌキのお月見

9〜11月

カラー軍手があっという間に
ウサギとタヌキにへんし〜ん!

型紙➡72ページ

用意するもの

ウサギとタヌキ
　カラー軍手…ピンク・茶
　発泡球…3㎝
　フェルト丸シール…赤・黒・ピンク
☆ないときは、63ページのつくり方参照。
　フェルト…ピンク・茶・オレンジ
月　紙皿　サテン布…黄色
　　　フェルト…白・ピンク・赤
　　　リボン
山　板段ボール　緑色の布
ススキ　毛糸　割りばし
背景　青い布

秋

ウサギとタヌキ

1. 軍手の指先に発泡球をつめる。

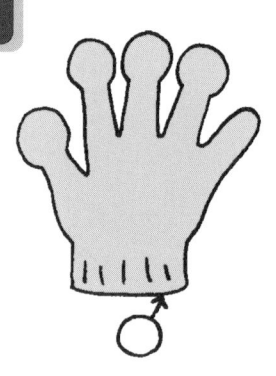

2. フェルトで耳や顔を切って1に貼る。

★フェルト丸シールを顔に貼ると便利。

月

1. 15㎝くらいの紙皿にサテン布をくるむように貼る。

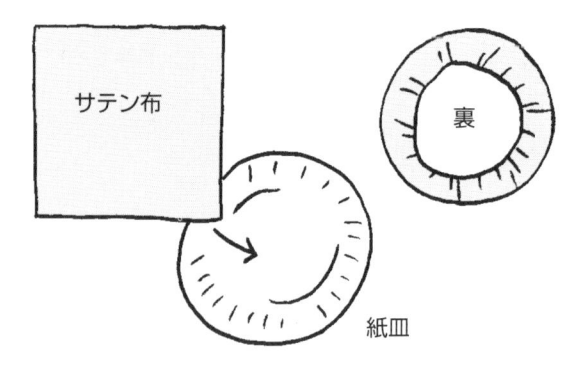

サテン布　　裏　　紙皿

2. 1にフェルトのウサギとリボンを貼る。

山

1. 山の形に切った板段ボールに布を貼る。波々が上にくるようにする。

2. あまった布を切る。

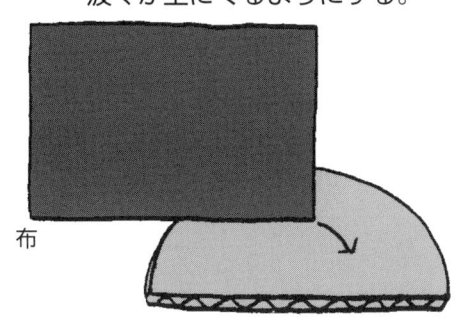

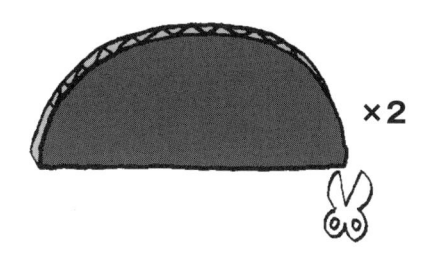

×2

布

板段ボール

ススキ

1. 毛糸を手に4～5回巻く。

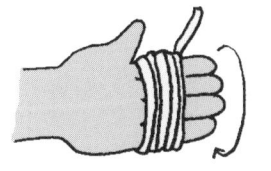

2. セロハンテープで割りばしにつけてから、輪になっている部分を切る。

飾り方

小さく切った段ボールなどを山の下に入れて浮かせる。ウサギやタヌキをそのすきまにはさむようにして貼る。

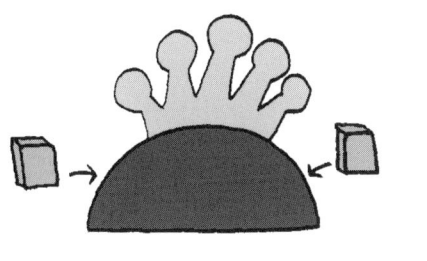

ススキは段ボールに差してもいいし、ウサギやタヌキの後ろに差しこんでもよい。

壁に青い布を貼ってから飾ると、さらによい雰囲気になります

秋

みんながんばれ玉入れ競争

9〜11月

かごをオニにアレンジしたら、豆まき壁面に!

型紙➡72、73ページ

用意するもの

キャラクター
　フェルト…オレンジ・ピンク・クリーム・
　　　　　　茶・赤・黒・白・緑・黄色
かご　せんたくネット
　バイアステープ…なければリボンなどでもOK
　フェルト…茶・グレー　針　糸
玉　ボン天…各色　なければモール

キャラクター

右向き、左向きのキャラクターをつくる。
顔は丸シールがあると便利。

玉はボン天があると便利。
なければモールを丸めて玉にする。

秋

かご

1. せんたくネットを切る。（使い古しのものでOK）

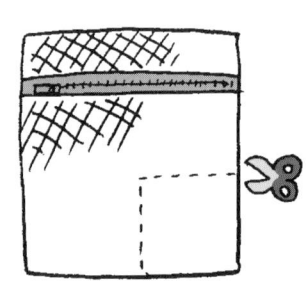

2. あいている部分を縫う。

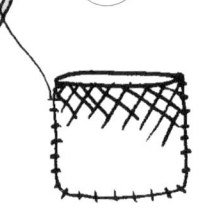

3. 縁にバイアステープをボンドでつける。

4. フェルトを細く切って、棒として貼りつけ、台もつくる。

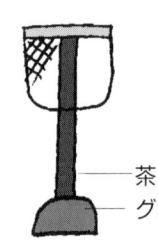

茶
グレー

おいものポケット

9〜11月

壁にポケットをつくってあそぼう。
中に何が入っているかな?

型紙➡73ページ

用意するもの

モグラ
　フェルト…グレー・白・黒・肌色
おいも
　タイツ…えんじいろ
　フェルト…緑・黄緑
　ロープ…緑　綿　針　糸
土　フリース…茶
雲　フェルト…白　プッシュピン

モグラ

フェルトを切り、モグラのパーツをつくる。

雲

雲の形に切る。

おいも

1 タイツを適当な大きさに切り分ける。

2 切り口を縫って袋状にし、中に綿をつめて縫いとめる。

3 ロープに2を縫いとめる。葉っぱもバランスよく縫いとめる。

大きさにばらつきがあったほうが楽しい。

飾り方

2つに折ったフリースの両端をプッシュピンでしっかりとめてポケット状にし、中においもをかくしておく。

おいもが1個だけのもの、たくさんついているものなどいろいろつくってね

★プッシュピンが落ちないように、ピンの上から、ガムテープを貼っておきましょう。

秋

フェルトのツリー

12月

フェルト2色で、こんなにボリュームのあるツリーになります。

型紙➡73ページ

用意するもの

ツリー
　フェルト…緑・黄緑・茶
オーナメント
　フェルト…黄色・赤・白・
　　　　　　ピンク・茶・水色

ツリー

1. 緑・黄緑のフェルトを図のように4等分する。

2. 緑と黄緑を交互に貼り、植木鉢を貼る。

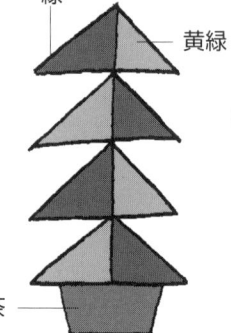

3. オーナメントをつくって、2にバランスよく貼る。

子どもたちと一緒につくり好きなところに貼ってもらってもいいですね

冬

リボンのツリー

12月 天井からたらして大きなツリーに。
ロープや毛糸をつかっても応用できます。

型紙➡73ページ

用意するもの

リボン…緑系・赤系のもの（各50cm）
フェルト…黄色
プッシュピン

1. 2～3個のピンでリボンの頂点をしっかりととめ、末広がりに整える。広げた先はそろえて、両面テープなどでとめる。

2. ピンをかくすように、フェルトでつくった星を貼る。

ステンシルオーナメント

12月

キッチンスポンジをつかって
かんたんステンシル！

型紙➡74ページ

用意するもの

生成の布…ハギレ
モール　リボン　スポンジ
絵の具…茶・赤・黄色・黄緑・ピンク
厚紙（クリアファイル）
綿棒　針
糸…各色

冬

1 厚紙もしくはクリアファイルでステンシルシートをつくる。

★好きな形をかいて、カッターで切りぬく。

2 スポンジを小さく切り分ける。

手でちぎってもOK

3 布の上に1をおき、絵の具をつけたスポンジでポンポンとたたく。

絵の具

ステンシルシート

4 ステンシルした部分の布を大きめに2枚切って、まわりをざくざく縫い、全部縫う前に綿をつめて縫いとめる。

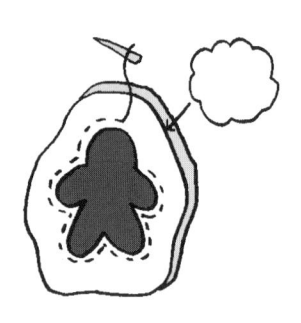

モールをつける

★大きすぎた部分を切りとり、形を整える。

もこもこサンタ

12月 もこもこファーであったか。
やさしい手触りのサンタさん。

用意するもの

板段ボール
ファー素材…白・赤
フェルト…肌色・白・黒・
　　　　　ベージュ・赤

1 板段ボールをパーツ別に切って、それぞれのパーツに布を貼る。

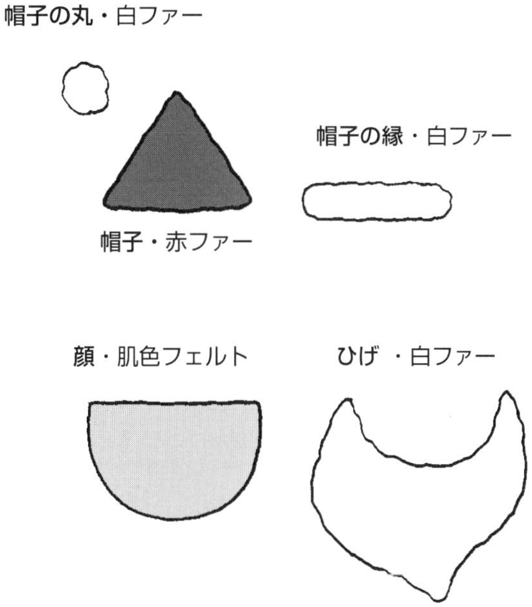

帽子の丸・白ファー

帽子・赤ファー

帽子の縁・白ファー

2 顔のパーツを切って貼る。

顔・肌色フェルト

ひげ・白ファー

さわると
もこもこで
あったかぁーい！

スリスリ…

もこもこだ！

冬

サンタさんとトナカイ
（指人形）

12月

オーナメントにして飾っても
とってもかわいい。

型紙➡74ページ

用意するもの

サンタ　フェルト…赤・白・黒・肌色
トナカイ　フェルト…黄土色・茶・黒・赤
ポケット　フェルト…黄色・赤・緑
針　糸…各色

指人形 サンタ

1. 型紙にあわせて2枚切り、1枚に顔をつけ、並み縫いで口をつける。

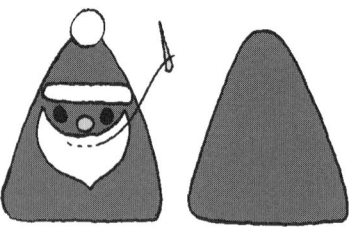

2. 2枚重ねて指が入るくらいの間をあけて図のように縫い、頭はボンドで貼りあわせる。

3cm
（縫い位置は型紙74ページ参照）

指人形 トナカイ

1. 型紙にあわせて2枚切り、1枚に顔をつけ、並み縫いで口をつける。

2. 指が入るくらいの間をあけて図のように縫い、頭につのと耳をはさんでボンドでつける。

（縫い位置は型紙74ページ参照）

指人形であそばないときは、このポケットに入れておきましょう

ピンキングバサミでフェルトを切り、飾りをつける。

縁を両面テープなどで壁に貼り、ポケットをつくる。

ふわふわ雪だるま

12月

紙皿にひと工夫で
やわらかな雰囲気に!

用意するもの

紙皿…15cm・18cm
キルト綿
フェルト…黒・赤・水色・茶
ボン天…各色　なければモール

1 紙皿（15cm1枚・18cm1枚)の裏面にキルト綿を貼り、紙皿の大きさにあわせて切る。

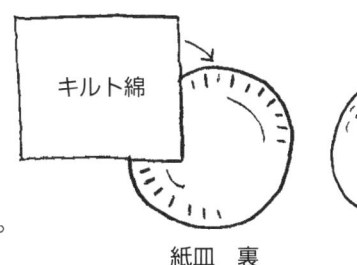

キルト綿

紙皿　裏

2 2枚の紙皿を少し重ねるようにして貼る。

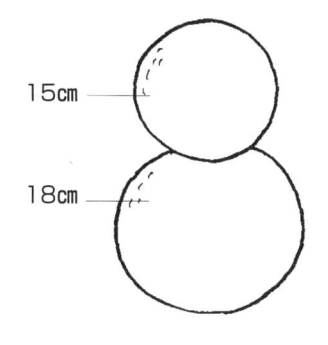

15cm
18cm

キルト綿ではなく
普通の綿を
ふんわり貼ってもOK!

3 フェルトで目・枝・バケツ・マフラーをつくり、ボン天のボタンを貼る。

★ボン天がなければ、
　モールを丸めたり、フェルト、
　ボタンなどでもOK。

冬

紙皿リース

12月

くるむ布の選び方でイメージ一新！
白や赤をつかってもシンプルでステキ。

用意するもの

紙皿…18〜20cmくらいのもの
カントリー風
　ギンガムチェック布…緑
　ボンテン…各色　　リボン…白
キラキラ風
　サテン布…緑　　毛糸
　リボン…赤・ピンク
　キラキラビーズ

基本のリース

1 紙皿のまん中をくりぬく。

2 布をわざとしわしわにして、紙皿をくるむように貼る。

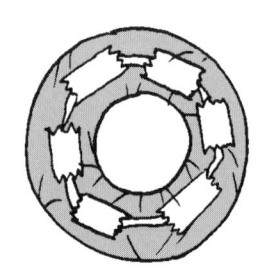

裏はテープでとめる

カントリー風

幅広のリボン
ボンテン

ギンガムチェックの布をつかい、ボンテンを貼る。ボンテンがない場合は、ボタンやモールを丸めたものでもOK。

キラキラ風

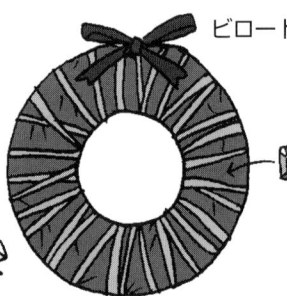

ビロードのリボン
キラキラビーズ
毛糸を巻きつける
小さなリボン

サテンの布をつかい、毛糸を巻きつけ、その上からキラキラビーズやリボンを貼る。

冬

雪がふる街

12月

サテン布で夜空を表現すると
ロマンチックに。

型紙➡74ページ

用意するもの

サテン布…青
もこもこファー…白
キルト綿
フェルト…各色(ハギレOK)
ボン天　板段ボール

1 フェルトを四角、三角を基本に
たくさん切る。

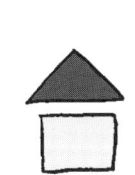

いろいろな色を用意し、
組み合わせを楽しんでね

2 白のフェルトを細長く切ったものを5
cmくらいに切って、クロスさせて雪の
結晶をつくって貼る。

3 青いサテン布を板段ボールにくるむよ
うに貼って台紙をつくる。

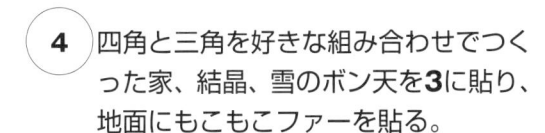

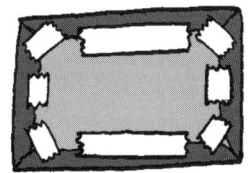

★裏で引っぱるように
するとピンと貼れる

4 四角と三角を好きな組み合わせでつく
った家、結晶、雪のボン天を**3**に貼り、
地面にもこもこファーを貼る。

ボン天（白）

もこもこファー

★ボン天がない場合は、
丸めた綿やモールでもOK。

冬

あったかこたつ

1月

♪ネコはこたつで丸くなる〜♪
と歌が聞こえてきそう！

型紙➡75ページ

用意するもの

キルティング布…赤
バイアステープ…黄色
フェルト…肌色・茶・青・オレンジ・
　赤・クリーム・緑・黄色
鈴…小
針　糸…こげ茶
ボンテン…オレンジ

冬

1 ピンキングバサミでキルティング布を切る。

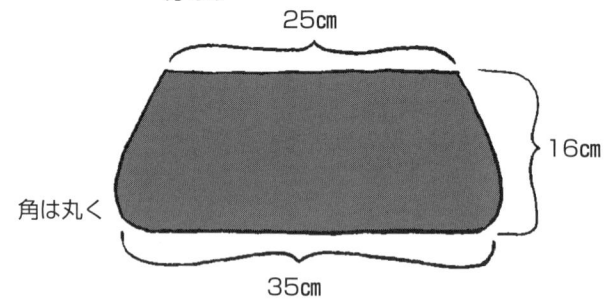

25cm
16cm
35cm
角は丸く

2 ほつれどめをする。上辺は直線縫いでOK。残り二辺はバイアステープを縫いつける。

ほつれどめ
バイアステープ

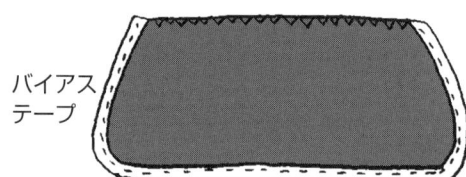

ミシンがない場合は、まわり全てにボンドでバイアステープをつけておく。

3 フェルトで座っている子ども、寝ているネコをつくる。ネコの顔をステンシルし、首に小さな鈴をつける。

4 天板のフェルト（茶）を貼る。ボンテン（オレンジ）のみかんとフェルト（黄色）の入れ物を貼る。

ふとんをめくってみてね。
ネコがいるよ

★ボンテンがない場合は、オレンジのモールを丸めたものでOK。

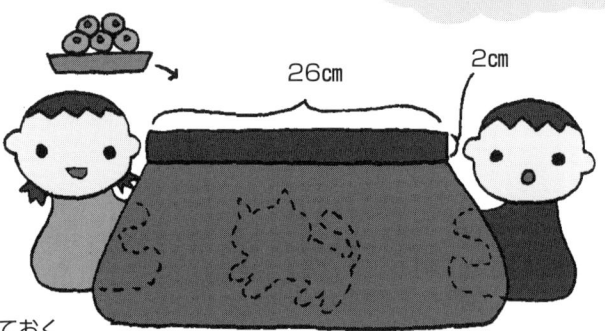

26cm
2cm

中にネコをかくしておく

やわらかお正月飾り

1月

タオルをそのままつかって
かんたんにできます。

型紙➡76ページ

用意するもの

しめ飾り
　フェイスタオル…緑
　フェルト…赤・白・黄色・黒・オレンジ
　タコ糸　　モール…黒
　ボン天…ピンク・白

置き飾り
　フェイスタオル…黄色
　リボン
　フェルト…水色・黄色・赤・白・黒・
　　　　　　青・緑・紫
　モール…黒・白・茶
　ボン天…ピンク・白

しめ飾り

1. フェイスタオル（80cm×34cmくらい）をねじりながらひねる。

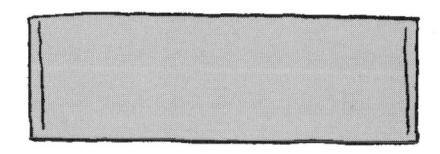

2. かた結びをし、タコ糸でほどけないように結ぶ。
　　タコ糸

3. フェルトで獅子頭を、黒いモールにボン天をつけてまゆ玉をつくる。
　　フェルト　　ボン天（ピンク・白）　　モール（黒）

4. 2に飾りを貼る。
　　フェルト
　　茶色モールの枝
　　ボン天
　　モール

置き飾り

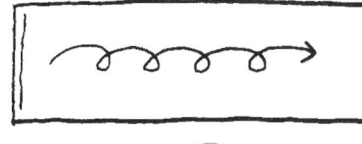

1. フェイスタオル（80cm×34cmくらい）をくるくる丸め、リボンでとめる。

2. モールとフェルト、ボン天でつくった飾りを1の中心の穴に差しこむ。

短く切ったモールをねじってとめる

★ボン天がない場合は、モール（ピンク・白）を丸めたものでOK。

冬

並べて楽しい顔オニさん

2月

半端なフェルトも捨てないで、顔などのパーツにつかいましょう。

用意するもの

フェルト…赤系・青系・ほか各色
毛糸…各色

1 フェルトを4等分にする。

2 フェルトでつの・目・口、毛糸で髪の毛をつくりボンドで貼る。

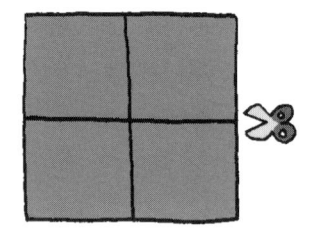

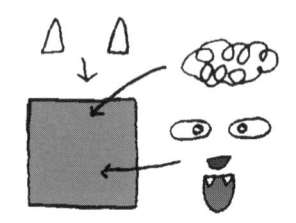

フェルト（20cm×20cm）を切らずに、そのままの大きさでつくると迫力もあり、子どもでも顔のパーツを貼りやすいので、思い思いのオニをつくれますよ。

並べて貼ると楽しさ倍増！

冬

パタパタオニ

2月 ジタバタしているようにも、バンザイしているようにも見えますね。

型紙➡76ページ

用意するもの
厚紙　モール　タコ糸
フェルト…緑・黄色・黄緑・白・茶・赤
毛糸…オレンジ　　ストロー

1 フェルトを切って体、手、足などそれぞれのパーツをつくる。

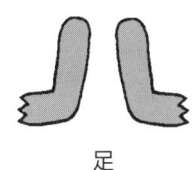

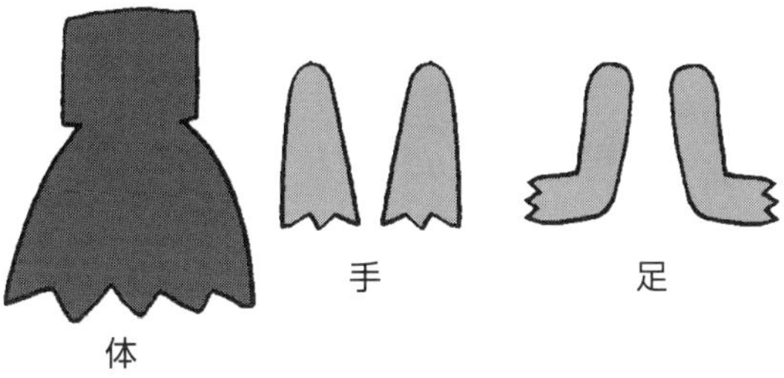

体　手　足

2 各パーツのフェルトよりひとまわり小さい厚紙を裏側に貼る。

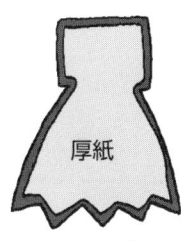

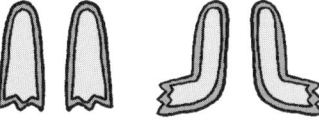

厚紙

3 つのや服に油性ペン（黒）でもようをつけたり、髪の毛をつける。

丸めた毛糸

4 体の胸部分と手に穴をあける。

2.5cmぐらい

5 4であけた穴からモールを差しこみ、ストロー、手の穴を通し、うしろで結ぶ。足を貼る。

表　裏　ストロー（5mmくらいに切ったもの）

手　足

6 4の穴より上に穴をあけ、タコ糸を結びつける。

あそび方
タコ糸をひっぱると、手が上下にパタパタするよ。

冬

オニをやっつけろ

2月

豆のかわりにふわふわボールをぶつけて、あそびながらオニは〜外！

型紙➡77ページ

用意するもの

フェルト…オレンジ・紫・黄色・白・茶・黒・赤
マジックテープ…ピンク
ハギレ　タコ糸　綿

冬

1 フェルトで各パーツをつくる。

2 フェルトよりひとまわり小さく切った厚紙を裏側に貼る。

厚紙

3 パーツを貼りあわせ、体の部分にマジックテープをつける。

マジックテープ

4 ハギレに綿をつめて、てるてる坊主をつくる要領でボールをつくる。
タコ糸で結んで余分な布を切り、マジックテープを十字に巻きつける。

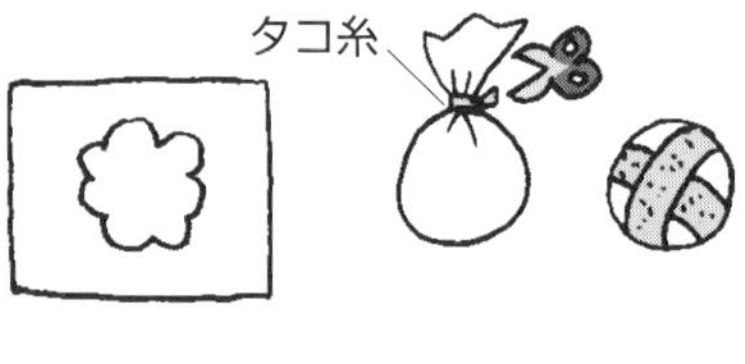

タコ糸

2色を交互に貼ってしましまもようにしてもかわいい！

全面マジックテープをつけると、ボールがより貼りつきやすくなるよ

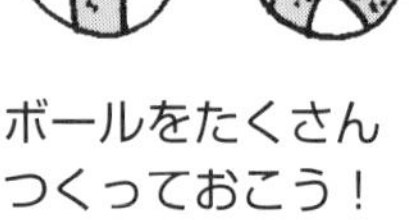

ボールをたくさんつくっておこう！

たんぽぽと春の妖精

3月

毛糸のポンポンをたくさんつくって
やさしい春を演出。

型紙➡77ページ

用意するもの

サテン布…緑・黄緑
フェルト…緑・黄緑・黄色・ピンク・
　　　　　オレンジ・肌色・黒・赤
毛糸…白（モヘア）・黄色(太)
モール…緑・黄緑
板段ボール

1 手や厚紙をつかって、毛糸のポンポン（たんぽぽ、綿毛）をつくり、モール（くき）にボンドで貼りつける。

たんぽぽは黄色の毛糸を20回くらい巻く。

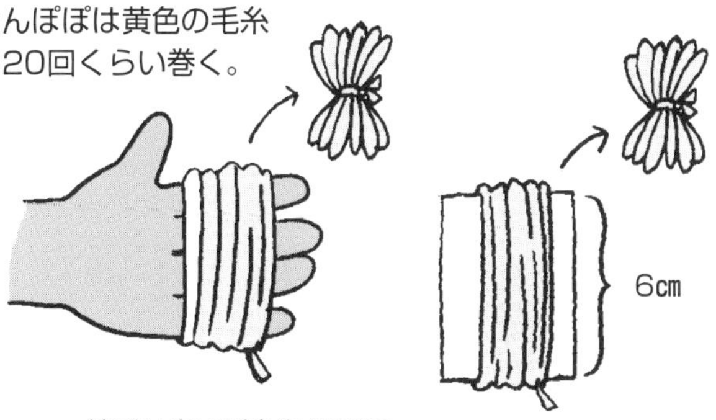

6cm

綿毛は白い毛糸を100回くらい巻き、丸くする。（毛糸の太さで調整する）

綿毛　モール

輪は切らないままでOK!　モール　たんぽぽ

2 フェルトで妖精キャラクター、葉っぱをつくる。

★顔は、フェルト丸シールがあると便利。

3 板段ボールを山の形に切り、サテン布をくるむように貼る。

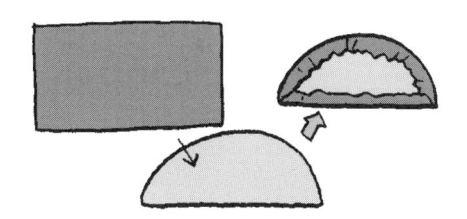

妖精に綿毛のモールを持たせるようにつけて飾る

春

コサージュトリオ

3月 卒園式で大活躍！
つけているだけでとってもおしゃれ。

型紙➡77ページ

用意するもの

毛糸コサージュ
　毛糸…オレンジ(太)・黄色(太)
　ボン天…黄緑

リボンコサージュ
　リボン…ピンク(太)・緑系
　フリル　ボタン

フェルトコサージュ
　フェルト…水色・ピンク・紫・
　　　　　　緑・オリーブ色
　ボタン　モール　安全ピン
　リボン

春

毛糸コサージュ

1. 毛糸のポンポンをつくる。輪を切らないままでOK。黄色は、ひとまわり小さく（指の本数で調節する）つくる。

それぞれ15回くらい巻く　オレンジ　黄色

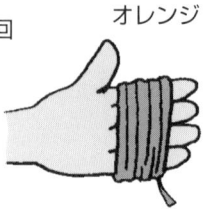

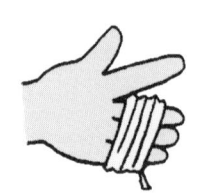

2. 2つを重ねてボンドで貼り、まん中にボン天を貼る。

ボン天がなければ、ボタンやビーズなどでOK

オレンジ　黄色　ボン天

リボンコサージュ

1. リボンを輪にして2つつくり、モールで束ねる。

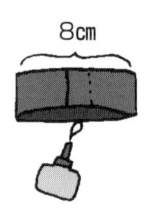

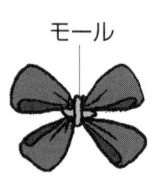

8cm　×2　モール

2. フリルを輪にして1にボンドで貼る。ボタンにモールを通したものをまん中につける。

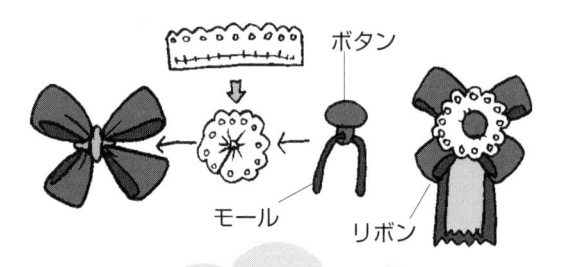

ボタン　モール　リボン

千枚通し（くじり）で穴をあけてボタンをつける

フェルトコサージュ

1 フェルトで花・葉っぱをつくる。

2 1の花を重ね、ボタンにモールを通したものをまん中につけ、葉っぱをうしろにつける。

千枚通し（くじり）で穴をあけてボタンをつける

各コサージュ共通

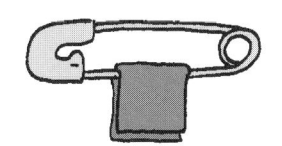

それぞれに安全ピンをつける。
安全ピンにリボンをつけたものを裏に貼る。
（20ページのチョウチョの「バッチにする場合」を参照）

春

おひなさまタペストリー

3月

和柄の着物でおすまし。
和の雰囲気でひなまつりを演出してみては。

型紙➡78ページ

用意するもの

フェルト…肌色・黒・紫・赤・
　黄色・白・グレー・オレンジ・
　ピンク・濃いピンク
ランチョンマット…黄色系
和柄の布…紫系・赤系
厚紙

1 厚紙で本体部分を切る。

おだいりさま　おひなさま

2 1にそれぞれ和柄の布をくるむように貼る。

3 フェルトでえりや帯をつくって貼る。
（78ページの型紙参照）

4 フェルトで顔をつくる。油性ペン（黒）でおでこに眉（点）をかく。

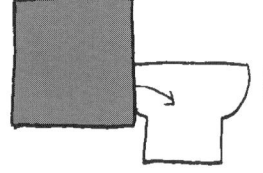

5 体と顔を貼りあわせる。

★顔は、丸シールがあると便利。

6 ランチョンマットに5をバランスよく貼る。

★ピンクの丸シールがあると便利。

フェルトを花形に切って貼る

春

くつしたびな

3月

パパ・ママ・ワタシ……。いろいろなサイズのくつしたでつくってみましょう。

用意するもの

フェルト…水色・ピンク・黄色・
　　　　　赤・黒・青
くつした…女性用、青系・
　　　　　ピンク系
綿　モール

1 くつしたの足先に綿をつめる。
（水色・ピンク系各一対）

綿
15cmぐらいのもの

2 かかとで折り曲げて、はき口をつま先にかぶせ、半分くらいの位置にモールを巻き、首のくびれをつくる。

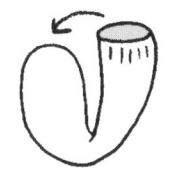

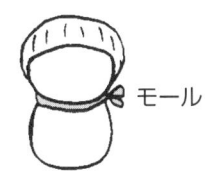

つま先にかぶせる　　前から見ると
モール

3 水色・ピンクのフェルトを半分に切る。

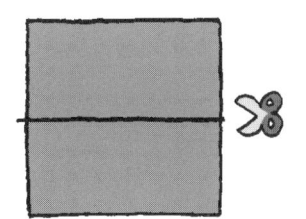

4 3のフェルトを2の本体に着せる。首に巻くようにして、重なったところをボンドでとめ、すそを外側に折り曲げる。

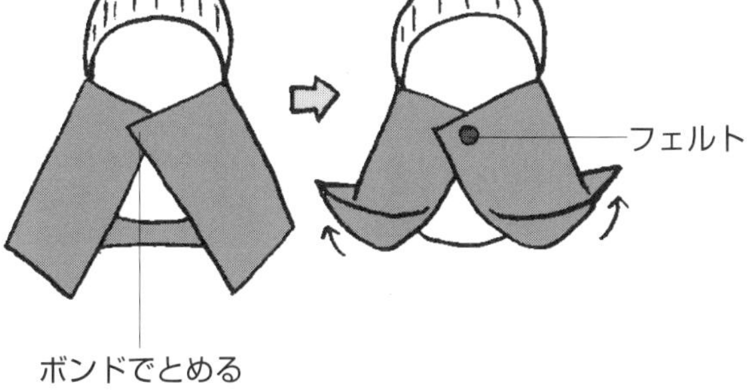

フェルト
ボンドでとめる

5 顔や小物パーツを貼る。

★顔は丸シールがあると便利。

春

かんたん三段飾り

3月

折り紙感覚でかんたんにつくれます。
今度は七段飾りにもチャレンジ！

型紙➡78ページ

用意するもの

フェルト…肌色・赤・青・黄色・緑・黒・ピンク・濃いピンク
フェルト丸シール…黒・赤
☆ないときは、63ページのつくり方参照。
リボン…赤（太）

春

1. フェルトを4等分に切る。違う色でさらに半分のサイズのえりを切る。

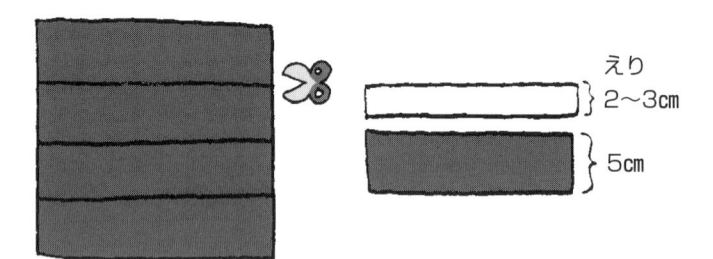

   えり 2〜3cm
   5cm

2. フェルトで顔をつくる。首は少し長めにし、丸シールで顔を貼る。

3. えりを少しはみ出るように重ねて貼り、2を貼って、左右を着物のように折る。

   えり

4. 長いすそを中にしまうように折り、ボンドでとめる。同じようにおひなさま、三人官女、五人囃子をつくる。

   中にしまう

5. リボンで段を貼り、人形をリボンにのせるように並べる。

   リボン
   人形がのる長さに合わせて切る

チョウチョ、コサージュのように裏に安全ピンにリボンをつけたものを貼ると、バッチになります

フェルトマーク

色の組み合わせを楽しみながら、
いろいろなマークをつくってみましょう。

型紙➡79ページ

用意するもの
フェルト各色
フリルやボタンなど

顔と体などは別々に切って重ねると動きがでる。

油性ペンで点をかく

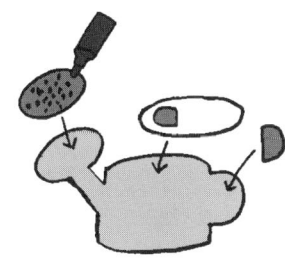

毛糸やフリルをつかってもGOOD。

春

使用例

丸いフェルトに貼って、裏に安全ピンをつければお当番バッチに。

伝言板などにアレンジ。

おやすみ中　えほん　おもちゃ

布でくるんだ板段ボールに貼って、お部屋にかけるプレートに。

あしたはおべんとうのひです

紙皿などに貼るだけで、かんたんプレートのできあがり！

プール

モールなど
紙皿

この本に出てくる便利素材

フェルト
普通のフェルトのほうが厚め。洗えるフェルトでつくって縫いとめればせんたくも可能。

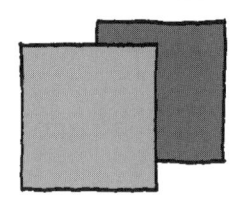

便利な粘着剤付きフェルト、アイロン接着フェルトもある。

フェルト丸シール
手芸店にあり、目、口などをつくるときに便利。ない場合の丸シールのつくり方（63ページ）を参照。

マジックテープ
接着したうえで、一か所でも縫いとめると、より頑丈になる。（お弁当壁面など）

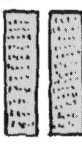

カラーテープ
カラフルな色がそろっていて、太さもいろいろある。（カタツムリ・虹・おいもなど）

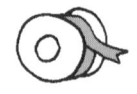

リボン
色、素材、太さも豊富。（チョウチョ、七夕、ツリーなど）

ボタン
着なくなった服のものや、あまっているものを集めておくと便利。（海・おばけ・コサージュなど）

木製のせんたくバサミ
木工用ボンドで接着でき、フェルトとのつきもよい。（犬のあかちゃん・こいのぼり・トンボなど）

ボン天
手芸店にある。色もカラフルで立体感があってかわいい。ない場合は、綿やモールを丸めてもOK。（玉入れ・リース・雪の街など）

動眼
手芸店にある。表情がでるのであると楽しい。（カエルなど）

キルト綿
形に合わせて切れ、ほつれないので便利。（こいのぼりの雲・アジサイ・雪だるまなど）

その他の便利素材
軍手　毛糸　くつした　タイツ
割りばし　モール　タオル
せんたくネット　Tシャツ
安全ピン　バイアステープ
発泡球　ビーズ　鈴　紙皿
スパンコール

布の貼り方・くるみ方

布のくるみ方

❶ 板段ボールより大きめの布に、板段ボールをのせる。全面をくるむときは、まず裏面の一辺に両面テープを貼って布をとめる。

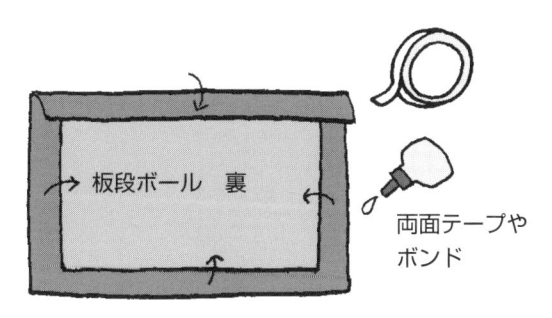

両面テープやボンド

❷ 残りの布はひっぱるようにのばしながら貼る。

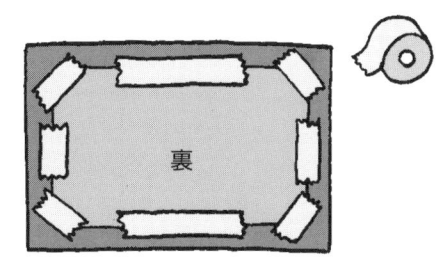

★布を壁にじかに貼る場合
プッシュピンでとめた上にガムテープなどで保護しておく。

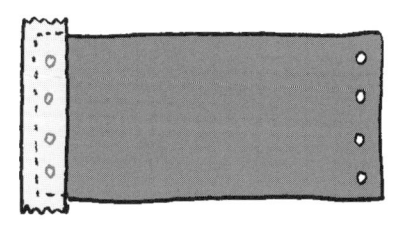

布の貼り方

❶ 厚紙や板段ボールにボンドや両面テープを全面につけ、布を貼る。

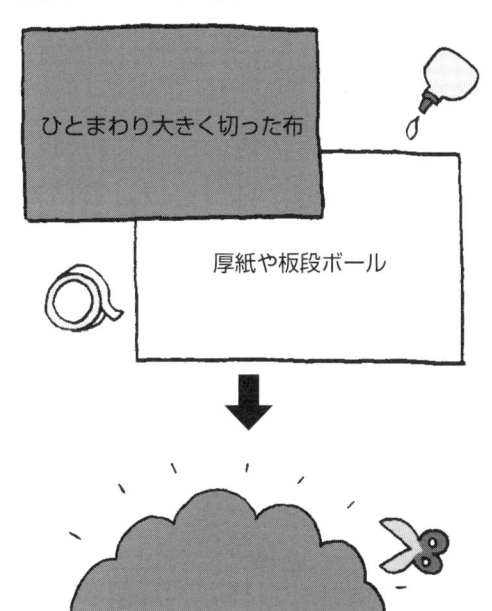

ひとまわり大きく切った布

厚紙や板段ボール

★1をいろいろな形に切ると、ほつれにくい。

フェルト丸シールのつくり方

❶ フェルトに両面テープを貼る。
❷ 穴あけパンチで穴をあけると、くりぬいたものがシールになっている。

☆大きさは1種類しかできないので、他の大きさはフェルトを切ってつくろう。

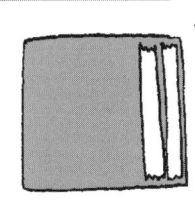

作品づくりで使用した布のいろいろ

綿

　チェック、水玉、ストライプ、花柄、無地など、色も柄も種類が豊富。ギンガムチェックをつかえば、あっという間にカントリー風に。花柄をつかえば、お花をたくさんつくらなくても花畑のイメージがかんたんに表現できます。
　カラフルこいのぼりのうろこやアジサイのように、無地ではなく柄入りの布をつかうと楽しい作品になります。
(カーテン、アジサイ、てるてる坊主など)

サテン

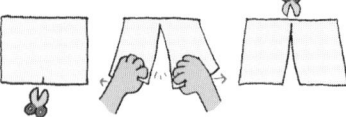

　光沢がありなめらかな手触り。少し高級感を出したいときや、光ったイメージにしたいときにつかいます。夜のイメージなどで大活躍。ほつれやすく縫いづらいので、台紙にくるむときれいに仕上がります。
(七夕の星、リース、雪の街の背景など)
ハサミで切るとほつれやすいので切り込みを入れてさくようにすると扱いやすいです。

フリース

　厚みがあり、やわらかで暖かな触り心地。フェルトのように切りっぱなしでOKなので、つかい勝手がよい。色もきれい。フェルトのような風合いで大きな範囲でつかいたいときにオススメ。
(犬のママ、おいもほりの土など)

フェイクファー、ボア

　もこもこやふわふわの手触りで立体感があります。ぬいぐるみによくつかわれている素材。手で触って感触を楽しみたい作品のときや、立体感を出したいときにオススメ。少しつかうだけでも効果的です。
　毛足の長いものは、ハサミで切ると毛も切ってしまうので、カッターで裏から切るときれいに切れます。
(サンタクロースなど)

キルティング

　2枚の布の間にキルト芯や綿などをはさみ、ステッチをかけてあるので、厚みや立体感が出ます。切ったところから糸がほつれてくるので、はしにミシンをかけたり、バイアステープなどをつけてつかいます。

タオル地

　手触りがよく色もきれいです。市販のタオルをそのままつかってつくると、はしの処理をせずにつかえるのでらくらく。
(おべんとう、お正月飾りなど)

型紙のとり方

型紙をつかえば、作品もぐ～んとレベルアップ。
壁面のスペースにあわせて拡大してください。

1. 型紙をコピー、または写して、切りとる。

3. 型紙にそってていねいに切る。

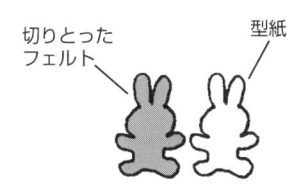

切りとったフェルト　型紙

型紙は、箱や封筒に入れて保管しておくと、何回でもつかえます。

2. 型紙をフェルトやつかう布の上に置き、セロハンテープで貼る。

セロハンテープで貼ることで、ずれないで切れる。

☆ウサギ

☆リス

☆はな

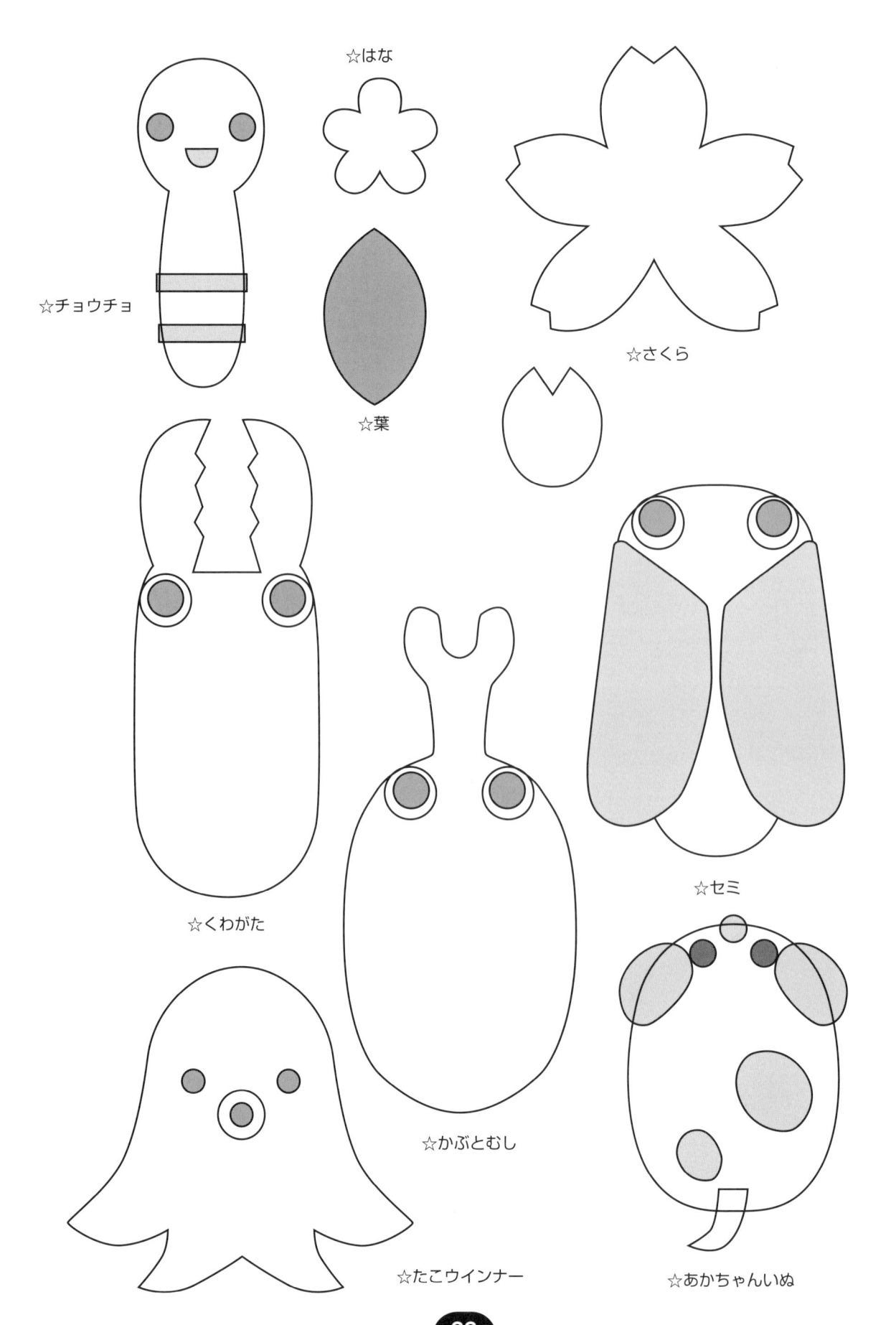

☆さくら

☆チョウチョ

☆葉

☆くわがた

☆セミ

☆かぶとむし

☆たこウインナー

☆あかちゃんいぬ

66

☆こいのぼり

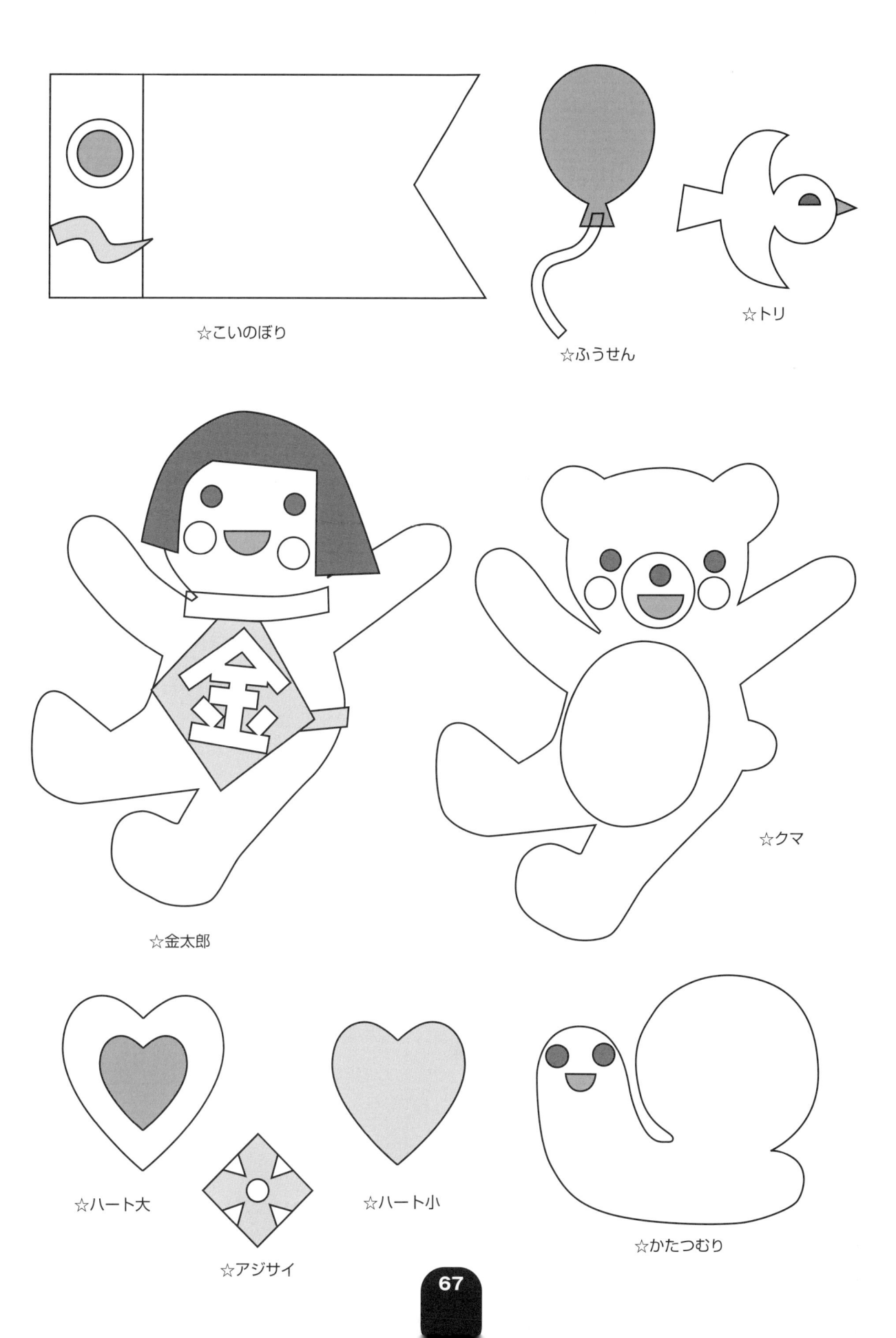

☆ふうせん

☆トリ

☆金太郎

☆クマ

☆ハート大

☆アジサイ

☆ハート小

☆かたつむり

☆くも

☆くも

☆カエル

☆コアラ

☆パンダ

☆太陽

☆七夕ボディ

☆七夕

☆スイカ

☆くじら

☆さかな

☆さかな

☆たこ

☆イカ

● 200％拡大してください

☆おばけ

☆おばけ

☆お月見ウサギ

☆トンボ

☆ゾウ

☆タヌキ

☆イヌ

☆ウサギ

☆フェルトツリー
オーナメント

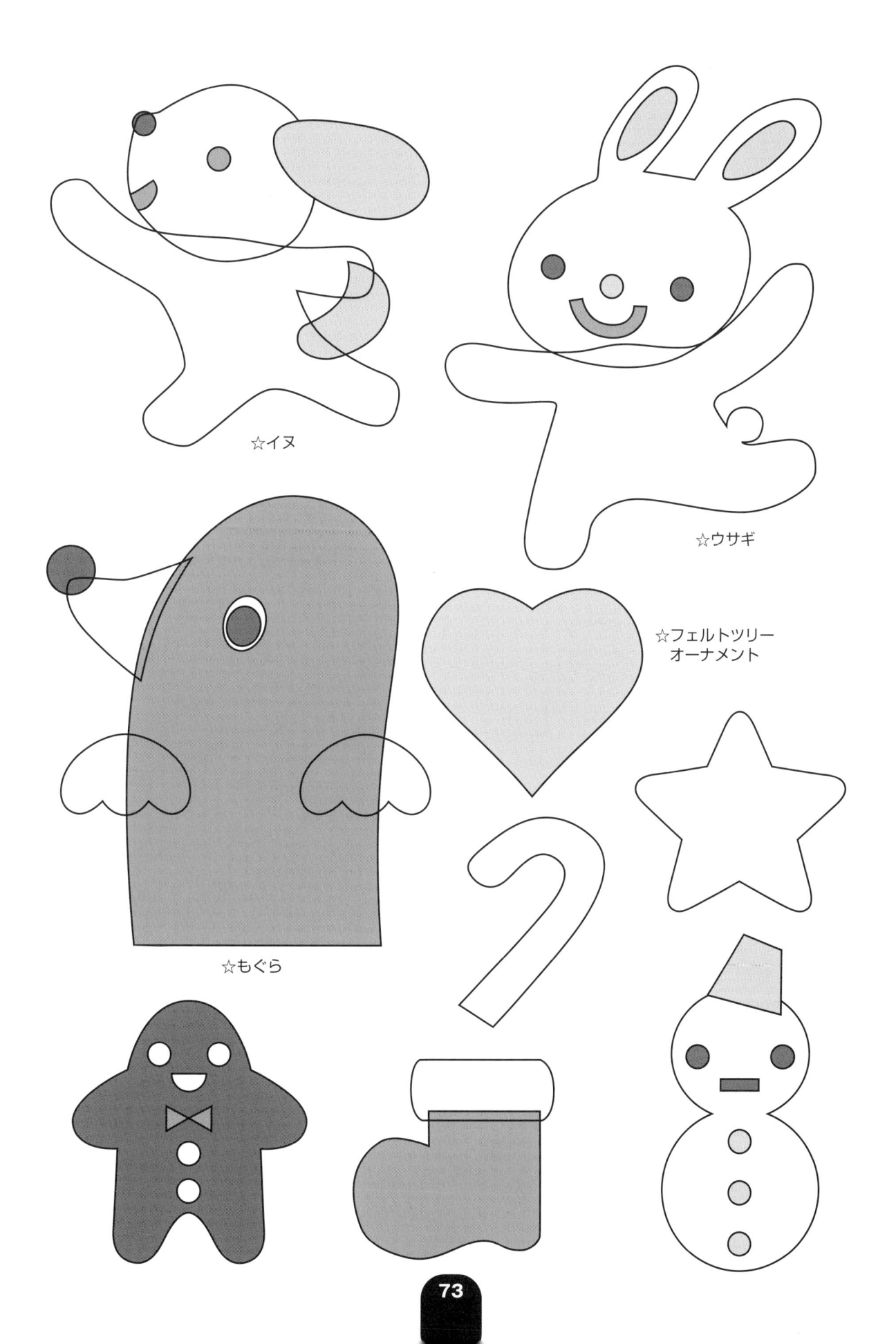

☆もぐら

☆オーナメントステンシル

☆雪景色

☆サンタ

☆トナカイ

※男の子は反転させて
ください
（結んだ髪の毛はとります）

☆こたつ

☆ししまい

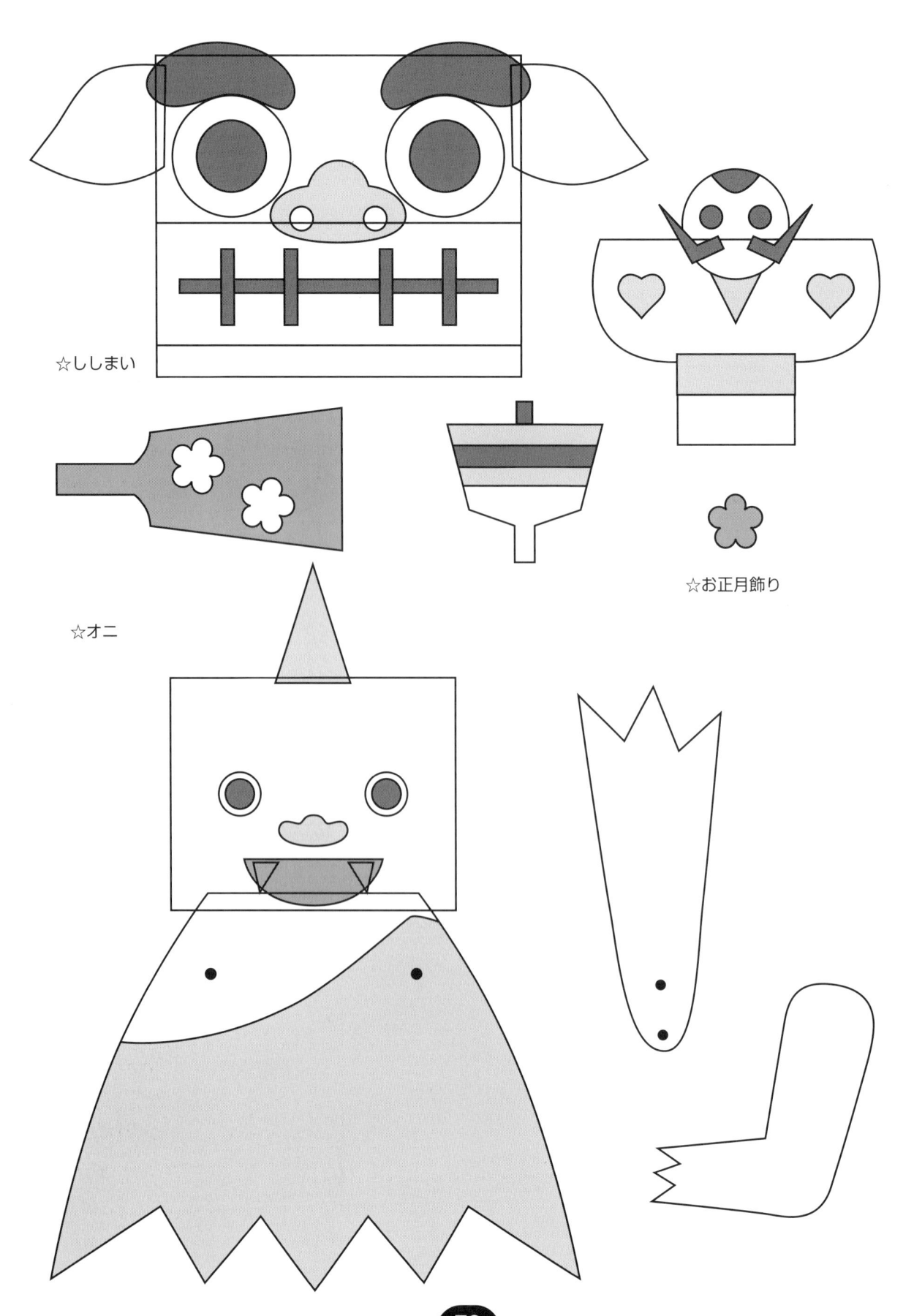

☆お正月飾り

☆オニ

☆オニ

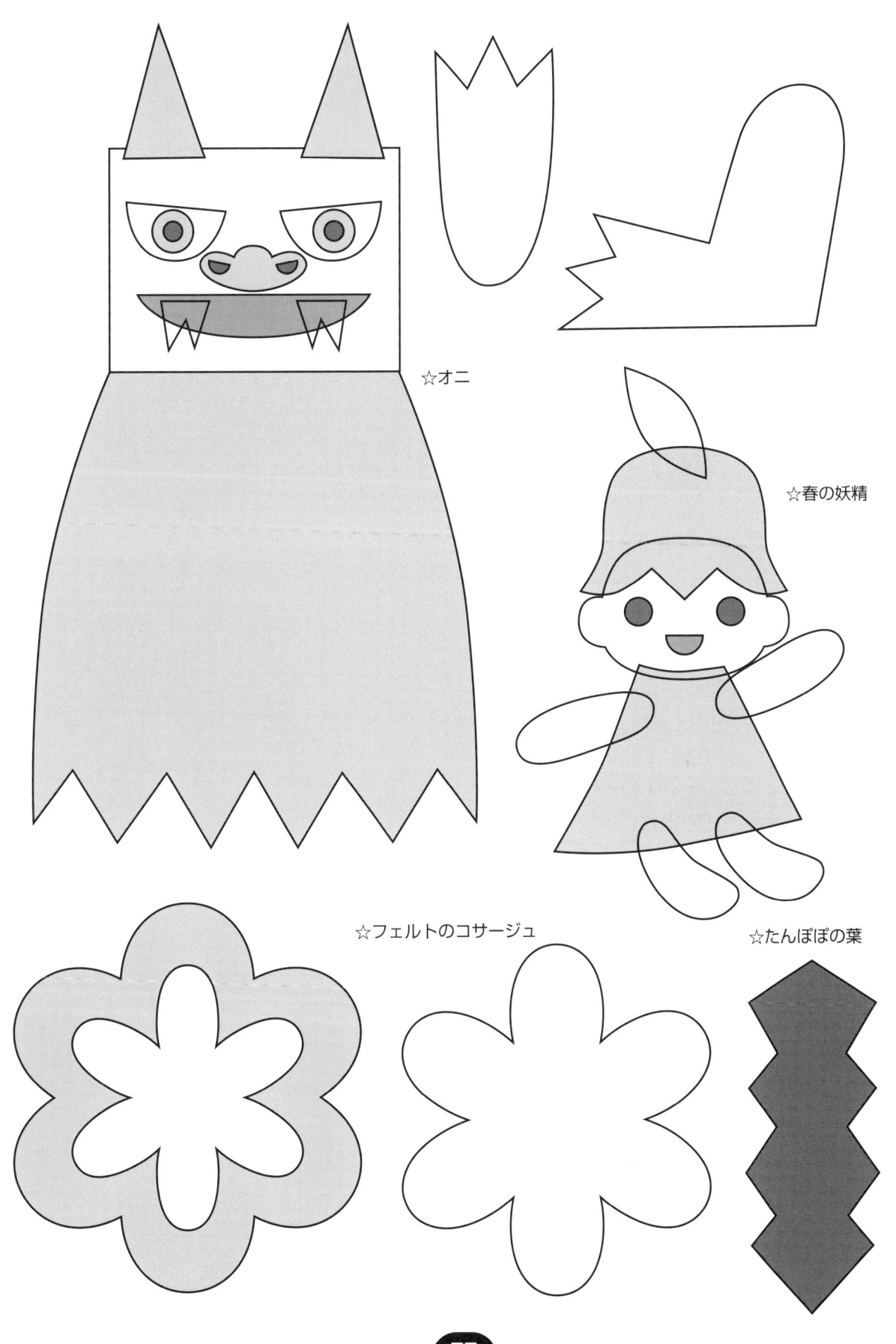

☆春の妖精

☆フェルトのコサージュ

☆たんぽぽの葉

☆おひなさまタペストリー

おだいりさま帯
ちょう結びの部分

☆三段飾りおひなさま

☆マーク

プロフィール
いしかわ☆まりこ

千葉県生まれ。専門学校のトーイデザイン科を卒業後、
おもちゃメーカーで企画デザインを担当。
その後、映像制作会社で幼児向けのビデオ制作を
手伝いながらフリーに。
現在は子どもや女性、保育士さん向けの手作りアイデアや
造形作品を雑誌や映像で発表している。
NHKの工作番組の造形スタッフとしても活動中。
著書『すぐできる！お店やさん小物グッズ工作カタログ』
（いかだ社）
http://homepape.mac.com/mariko_2/

編集●内田直子
制作協力●新井　隆
つくり方イラスト・トレース・型紙●もぐらぽけっと
イラスト●佐藤道子
撮影●彩虹舎（小林幹彦　大原朋美）
デザイン●渡辺美知子デザイン室

本書の内容を権利者の承諾なく、営利目的で
転写・複写・複製することを禁じます。

布でつくる かわいい壁面飾り
2006年3月12日 第1刷発行

著者●いしかわ☆まりこ
発行人●新沼光太郎
発行所●株式会社いかだ社

〒102-0072 東京都千代田区飯田橋2-4-10 加島ビル
Tel. 03-3234-5365　Fax. 03-3234-5308
振替・00130-2-572993
印刷・製本　株式会社ミツワ

乱丁・落丁の場合はお取り換えいたします。
ISBN4-87051-181-9